基金资助

教育部人文社会科学重点研究基地重大项目：
《内地与港澳服务贸易自由化"负面清单"升级版研究》
粤港澳大湾区研究基地项目：《深化粤港澳重大合作平台研究》
中山大学粤港澳发展研究院项目：《服务贸易自由化对内地与港澳经济
发展影响和对策研究》
国家自然科学基金面上项目《中国基础设施质量：决定机制、
企业影响及最优配置》(71573286)

支持单位

广东省人民政府港澳事务办公室
粤港澳大湾区研究基地
香港特别行政区政府驻粤经济贸易办事处
广东省人民政府发展研究中心
国务院发展研究中心中国国际发展知识中心
广州市人民政府港澳事务办公室
珠海市委政策研究室
中国(广东)自由贸易试验区深圳前海蛇口片区
中国(广东)自由贸易试验区珠海横琴新区片区
中国人民政治协商会议佛山市委员会
佛山市南海区政府
广州天河区中央商务区管委会
香港中文大学商学院本科生校友会

中山大学粤港澳发展研究院

Institute of Guangdong, Hong Kong and Macao
Development Studies, Sun Yat-sen University

粤港澳大湾区
可持续发展指数报告

*The Sustainable Development
Index Report of Guangdong–Hong
Kong–Macao Greater Bay Area*

张光南　周吉梅

方亦茗　管翊　戴美珍　梅琳　阎妍　著

中国社会科学出版社

图书在版编目（CIP）数据

粤港澳大湾区可持续发展指数报告/张光南等著 . —北京：中国社会科学出版社，2018.5（2019.3 重印）

ISBN 978 - 7 - 5203 - 1989 - 8

Ⅰ.①粤… Ⅱ.①张… Ⅲ.①城市群—区域经济发展—经济可持续发展—研究报告—广东、香港、澳门 Ⅳ.①F299.276.5

中国版本图书馆 CIP 数据核字（2018） 第 013294 号

出 版 人	赵剑英	
责任编辑	喻 苗	
责任校对	崔芝妹	
责任印制	王 超	

出 版	中国社会科学出版社	
社 址	北京鼓楼西大街甲 158 号	
邮 编	100720	
网 址	http://www.csspw.cn	
发 行 部	010 - 84083685	
门 市 部	010 - 84029450	
经 销	新华书店及其他书店	

印刷装订	北京君升印刷有限公司	
版 次	2018 年 5 月第 1 版	
印 次	2019 年 3 月第 2 次印刷	

开 本	880 × 1230 1/16	
印 张	13	
字 数	220 千字	
定 价	99.00 元	

作者简介

张 光 南 GUANGNAN ZHANG

教授、博导、所长

中山大学粤港澳发展研究院
穗港澳区域发展研究所
港澳珠江三角洲研究中心

美国哥伦比亚大学：访问学者（2012—2013）
香港科技大学：兼任教授（2017— ）
日本早稻田大学：访问研究员（2007—2008）
日本贸易振兴机构JETRO：顾问（2011— ）
台湾政治大学：合作研究（2010）
中国（广东）自由贸易试验区横琴新区：专家
委员（2015— ）

中央电视台CCTV、新华社、《南方日报》、
香港《文汇报》、《澳门日报》：特约评论专家

主持科研项目：

国家自然科学基金、教育部人文社会科学研究、广东省人民政府重大决策咨询项目、香港特别行政区政府决策咨询、澳门特别行政区政府决策咨询等。

承担干部培训：

为广东省政府、港澳机构、中联办、共青团、广东省海事局、广州市政府、珠海市政府、东莞市政府等承担干部培训和讲座任务。

荣获表彰奖项：

荣获中央办公厅、广东省政府、港澳机构、中联办、共青团、广州市、珠海市、东莞市、梅州市等政府书面表彰。荣获国家自然科学基金结题绩效评估优秀、中共中央宣传部"讲好中国故事"特约专家、广东省委组织部"青年文化英才"计划、广东省哲学社会科学优秀成果奖、广东省高等学校"千百十工程"培养对象、中山大学优秀青年教师培养计划、中山大学青年教师授课大赛决赛二等奖、霍英东教育基金会高等院校青年教师奖、笹川良一优秀青年教育基金优秀论文一等奖、著作荣获"中国社会科学出版社十大好书"。

发表学术论文：

Accident Analysis & Prevention（SSCI）、Transportation Research Part F：Traffic Psychology and Behaviour（SSCI）、European Journal of Law and Economics（SSCI）、Journal of Safety Research（SSCI）、《经济研究》、《管理世界》、《经济学季刊》、《统计研究》、《世界经济》、《新华文摘》摘编、人大复印报刊资料转载、《澳门理工学报》、《文汇报》、《南方日报》等。

联系方式：

电子邮箱：sysuzgn@gmail.com   邮编：510275
通讯地址：广州新港西路135号中山大学港澳珠江三角洲研究中心

内容简介

　　本书基于联合国可持续发展目标、全球实践经验和理论文献，结合粤港澳大湾区建设规划方向，从经济、社会和资源环境三个维度，采用3个一级指标、13个二级指标和26个三级指标，根据规模绝对值、比例相对值和增长率衡量方法，根据系统科学性、简明可行性、动态引导性、可比性和针对性原则，构建粤港澳大湾区可持续发展指标体系，比较分析粤港澳大湾区11个城市的经济、社会和资源环境等方面的可持续发展排行榜，研究粤港澳大湾区未来方向和面临问题，并进一步提出粤港澳大湾区发展的优先次序及其政策建议。

目 录

粤港澳大湾区可持续发展：规划实践、
目标原则与指标体系

排 行 榜

分析报告

预测展望

报告摘要

工业革命以来，人类社会物质财富高速积累，同时资源环境问题也日渐凸显，对人类生存与发展的威胁不断加大。认识到这种变化与影响的充分严重性，国际社会开始探寻经济、社会与环境协调发展的道路。

粤港澳大湾区是中国经济发展最快的地区之一，是继美国纽约湾区、美国旧金山湾区、日本东京湾区之后，世界第四大湾区，也是一个内部差异较大、各个城市之间发展不平衡的区域。本报告对粤港澳大湾区可持续发展情况进行研究，旨在推动粤港澳大湾区城市群建设，全面提升粤港澳大湾区经济协调发展程度，促进港澳长期繁荣稳定。

本报告是一份系统研究粤港澳大湾区可持续发展指数的报告，共分为五个板块：理论、指标、排行、量化、预测。

第一章至第四章为"理论"部分，集中表达了联合国、美国、新加坡、中国、巴西在世界环境与发展大会以来所涉及的战略行动、发展目标和具体内容，综合国内外学者在可持续发展方面的研究以及粤港澳大湾区的理论和实践，有助于本报告对粤港澳大湾区可持续发展分析更具科学性和适宜性。

第五章为"指标体系"，秉承系统科学性、简明可行性、动态引导性、可比性和针对性等原则构建了粤港澳大湾区可持续发展指标体系。针对粤港澳大湾区具体情况，拟定 3 个子系统、13 个二级指标和 26 个三级指标，将经济、社会、资源环境等三大系统纳入整体的定量思考之中。

第六章为"排行榜"，根据所拟指标体系，对粤港澳大湾区 11 个城市的 26 个三级指标进行排名分析，深入研究各城市在可持续发展领域的比较优势和比较劣势，全面剖析大湾区城市群可持续发展现状及内部差异。

第七章为"量化分析"，依照所拟指标体系的要求，采取专门的计算方法，计算出粤港澳大湾区 11 个城市 2005—2015 年的可持续发展力，对大湾区城市群可持续发展状况进行更加客观的评估，深入剖析目标城市的优势和不足。

第八章为"预测展望"，在第七章对大湾区可持续发展进行量化的基础上，建立粤港澳大湾区可持续发展体系，监测区域各子系统的发展波动，根据指标数值的变化，预报区域各子系统发展即将出现的不可持续发展等问题，确定各市未来发展目标的优先层次，并给出政策建议。

联合国目标、理论研究与全球经验

第一章 联合国可持续发展：进程、目标与指标

一 发展进程与成果内容

联合国是推动全球可持续发展的中坚力量。从 1972 年在瑞典首都斯德哥尔摩召开的联合国人类环境会议到 2016 年颁布《2030 年可持续发展议程》，联合国可持续发展研究已历经 40 余载，发展进程与成果内容如表 1—1 所示。

二 目标与任务

（一）千年发展目标

为了给发达国家和发展中国家提供可持续发展衡量标准，2000 年联合国千年首脑会议通过了《千年宣言》。该宣言为各国在发展领域里的努力提出了最基本的目标、时限和衡量标准，即"千年发展目标"（MDGs）。目标共包括 8 个总目标、19 个具体目标。[①]

1. 消灭极端贫穷和饥饿

（1）靠每日不到 1 美元维生的人口比例减半。

（2）使所有人包括妇女和青年人都享有充分的生产就业和体面工作。

（3）挨饿的人口比例减半。

2. 普及小学教育

（1）确保不论男童或女童都能完成全部初等教育课程。

3. 促进两性平等并赋予妇女权力

（1）最好到 2005 年在小学教育和中学教育中消除两性差距，至迟于 2015 年在各级教育中消除此种差距。

[①] 联合国：《2013 年千年发展目标报告》，联合国发展大会报告，2013。

表 1—1　　　　　　　　　　　　　　　　　发展进程与成果内容

年份	会议	主要成果	内容
1972	联合国人类环境会议	人类环境宣言	《人类环境宣言》阐明了与会国和国际组织所取得的七个共同观点和二十六项共同原则，第一次为国际环境保护提供了各国在政治上和道义上必须遵守的规范，叙述了对环境问题的看法和态度，规定了保护环境，特别是保护自然资源的要求。
1992	联合国环境与发展大会	21世纪议程	该文件着重阐明了人类在环境保护与可持续之间应作出的选择和行动方案，提供了21世纪的行动蓝图，涉及与地球持续发展有关的所有领域，是前至21世纪在全球范围内各国政府、联合国组织、发展机构、非政府组织和独立团体在人类活动对环境产生影响的各个方面的综合的行动蓝图。
2000	联合国千年首脑会议	千年宣言	《千年宣言》为各国在发展领域里的努力提出了最基本的目标以及实现目标的具体时限和衡量标准，即"千年发展目标"（MDGs），共包括8个总目标，18个具体目标。其为发达国家提供发展援助的重要指向，是发展中国家政治经济社会发展政策的基础目标，也是衡量全球发展的重要标准。
2012	"里约+20"联合国可持续发展大会	我们憧憬的未来	该成果文件决定发起可持续发展目标的讨论进程，就加强可持续发展国际合作发出了重要和积极的信号，国际合作应该充分考虑发展中国家与发达国家在发展阶段和基本需求等方面的差别，正视发展中国家面临的困难和问题。文件重申了"共同但有区别的责任"原则，决定建立高级别政治论坛，并敦促发达国家履行官方发展援助承诺，向发展中国家转让技术和帮助加强能力建设。
2016	联合国大会	2030年可持续发展议程	该议程包括17项可持续发展目标和169项具体目标，涉及可持续发展的三个层面：社会、经济和环境，以及与和平、正义和高效机构相关的重要方面，将推动世界在今后15年内实现3个史无前例的非凡创举——消除极端贫困、战胜不平等和不公正及遏制气候变化。议程还确认调动执行手段，包括财政资源、技术开发和转让以及能力建设，以及伙伴关系的作用至关重要。

数据来源：中国网，2003年4月24日，"人类环境宣言" http://www.china.com.cn/chinese/huanjing/320178.htm
联合国新闻部信息技术科，《二十一世纪议程》，2004年，http://www.un.ogr/chinese/events/wssd/agenda21.htm
联合国第五十五届会议，《联合国千年宣言》，2000年，http://www.un.org/chinese/ga/55/res/a55r2.htm
经济日报，2012年，http://paper.ce.cn/jjrb/html/2012-06/24/content_217633.htm
中国外交部，2016年，http://www.fmprc.gov.cn/web/ziliao_674904/zt_674979/dnzt_674981/qtzt/2030kcxfzyc_686343/t1331382.shtml

4. 降低儿童死亡率

（1）5 岁以下儿童的死亡率降低 2/3。

5. 改善产妇保健

（1）产妇死亡率降低 3/4。

（2）到 2015 年实现普遍享有生殖保健。

6. 对抗艾滋病病毒以及其他疾病

（1）遏止并开始扭转艾滋病病毒/艾滋病的蔓延。

（2）到 2010 年向所有需要者普遍提供艾滋病病毒/艾滋病治疗。

（3）遏止并开始扭转疟疾和其他主要疾病的发病率增长。

7. 确保环境的可持续能力

（1）将可持续发展原则纳入国家政策和方案，扭转资源环境的流失状况。

（2）减少生物多样性的丧失，到 2010 年显著降低丧失率。

（3）到 2015 年将无法持续获得安全饮用水和基本卫生设施的人口比例减半。

（4）到 2020 年使至少 1 亿贫民窟居民的生活有明显改善。

8. 全球合作促进发展

（1）进一步发展开放的、遵循规则的、可预测的、非歧视性的贸易和金融体制。

（2）满足最不发达国家、内陆国和小岛屿发展中国家的特殊需要。这包括：对其出口免征关税、不实行配额；加强重债穷国的减债方案，注销官方双边债务；向致力于减贫的国家提供更为慷慨的官方发展援助。

（3）全面处理发展中国家的债务问题。

（4）与私营部门合作，提供新技术，特别是信息和通信技术产生的好处。

（二）2030 年可持续发展议程——可持续发展目标

"千年发展目标"（MDGs）推行以来，虽然多国在积极推动落实，在减贫、降低婴儿死亡率、改善饮用水和居住环境方法取得了很大进展，但是根据最新的各项监测指标来看，近年来 MDGs 的总体形势并不乐观，大部分发展中国家无法在 2015 年实现 MDGs。

为此，联合国在 2016 年通过《2030 年可持续发展议程》，旨在弥补 MDGs 在可持续发展目标制定上的短板，以达到消除极端贫困、战胜不平等和不公正及遏制气候变化等目的。该项议程包括 17 项可持续发展目标和 169 项具体目标[①]，具

[①] 联合国：《2016 年可持续发展目标报告》，2016；联合国：《可持续发展目标各项指标机构间专家组的报告》，2016。

体内容如下所示。

1. 无贫穷：在全世界消除一切形式的贫困

2. 零饥饿：消除饥饿，实现粮食安全，改善营养状况和促进可持续农业

3. 良好健康与福祉：确保健康的生活方式，促进各年龄段人群的福祉

4. 优质教育：确保包容和公平的优质教育，让全民终身享有学习机会

5. 性别平等：实现性别平等，增强所有妇女和女童的权能

6. 清洁饮水和卫生设施：为所有人提供水和环境卫生并对其进行可持续管理

7. 经济实用的清洁能源：确保人人获得负担得起的、可靠和可持续的现代能源

8. 体面工作和经济增长：促进持久、包容和可持续经济增长，促进充分的生产性就业和人人获得体面工作

9. 产业、创新和基础设施：建造具备抵御灾害能力的基础设施，促进具有包容性的可持续工业化，推动创新

10. 减少不平等：减少国家内部和国家之间的不平等

11. 可持续城市和社区：建设包容、安全、有抵御灾害能力和可持续的城市和人类居住区

12. 负责任消费和生产：采用可持续的消费和生产模式

13. 气候行动：采取紧急行动应对气候变化及其影响

14. 水下生物：保护和可持续利用海洋和海洋资源以促进可持续发展

15. 陆地生物：保护、恢复和促进可持续利用陆地生态系统，可持续管理森林，防治荒漠化，制止和扭转土地退化，遏制生物多样性的丧失

16. 和平、正义与强大机构：创建和平、包容的社会以促进可持续发展，让所有人都能诉诸司法，在各级建立有效、负责和包容的机构

17. 促进目标实现的伙伴关系：加强执行手段，重振可持续发展全球伙伴关系

三　指标系统与具体措施

联合国（UN）可持续发展委员会（CSD）发表了《可持续发展委员会关于可持续发展指标的工作方案》，对建立可持续发展指标的意义、建立指标的技术路线（框架）、在国家一级使用可持续发展指标的措施等进行了详细论述。该体系共有 8 个子系统、142 项具体指标，包括驱使力指标、状态指标和响应指标，分别表示造成发展不可持续的人类活动的一些因素、可持续发展过程中的各系统的状态以及人类为促进可持续发展进程所采取的对策（见表1—2）。

表 1—2   指标系统与具体措施

		驱动力指标	状态指标	反应指标
社会	贫困	就业率	贫困度	
		女性与男性平均工资的比率		
	人口动态和可持续性	人口增长率	人口密度	人口出生率
		净迁移率		
	促进教育、公众认识和培训（包括性别问题）	学龄人口增长率	初等教育5年级在校生占其入学率数的百分比	教育投资占GDP的百分比
		初等学校在校生比率（总的和净的）	预期学龄	女性劳动力占男性劳动力的百分比
		中等学校在校生比率（总的和净的）	男性和女性在校生比率的差异	
		成人识字率		
	保护和增进人类健康	拥有适当排泄设备门口占总人口的百分比	预期寿命	免疫接种人数占按国家免疫政策应进行免疫接种人数的百分比
		可安全饮水的人口占总人口的百分比	正常体重出生婴儿的百分比	实行计划生育的妇女占育龄妇女的百分比
			婴儿死亡率	避孕普及率
			产妇死亡率	对食物中潜在有害化学物品进行监测的比率
			年龄/体重或年龄/身高达国家标准的儿童百分比	国家医疗卫生支出用于地方卫生保健的百分比
			患疟疾的死亡率	医疗卫生支出额占GDP的百分比
			总人口的吸烟率	
	人类社区（包括交通运输）	城镇人口增长率	城镇人口百分比	基础设施的人均支出
		运输燃料的人均消费量	非正式住宅地区的面积和人口	住宅贷款
		大城市数量	因自然灾害造成的人口和经济损失	
			人均居住面积	
			住宅价格与收入的比率	
			上下班占用时间	

		驱动力指标	状态指标	反应指标
经济	国际合作	人均实际GDP增长率	人均GDP/用环境因素调整后的增加值	区域性贸易协定的参与（是、否）
		人均GDP	出口比重	
		制造业增加值在GDP中的份额		
		GDP用于投资的份额		
		进出口总额占GDP的百分比		
	消费和生产模式	矿藏储量的消耗	已探明矿产资源储量	再生产能源的消费量与非再生能源消费量的比率
		年人均能源消费量	已探明能源资源储量	
			已探明能源资源储量可采掘时间	
			制造业增值中自然资源密集型工业增加值的份额	
			制造业商品出口额比重	
			原材料使用强度	
	财政资源和机制	资源转移净值/GDP	无偿给予或接受的ODA总额占GNP的百分比	环保支出占GDP的百分比
			债务额/GNP	（环境）税收和津贴占政府收入的百分比
			债务支出/出口额	
	技术转让			自1992年新增或追加的可持续发展资金总额
				环境经济综合核算的规划（有、无）
				债务免除
环境水	淡水资源	每年减少的地下水和地表水占可利用水资源的百分比	地下水储量	污水处理范围
		国内人均水消费量	淡水中的杂质浓度	水文测定网密度
			水中的BOD和COD含量	

		驱动力指标	状态指标	反应指标
环境水	大洋、各种海域以及沿海地区的保护	沿海地区人口增长率	最大可持续产出与实际平均产出的比率	参与海洋方面的公约和协定（是、否）
		排入海域的是由	各种海洋生物存量与最大可持续产量偏差率	
		排入海域的氮和磷	海藻指数	
土地	陆地资源的规划和管理	土地利用的变化	土地条件的变化	分散型地区自然资源管理
	防沙治旱	干旱地区贫困线以下人口比重	卫星获取的植被指数	
		全国降雨量指数	受荒漠化影响的土地	
	山区的可持续发展	山区人口动态	山区自然资源条件及可持续利用的估计	
			山区人口的福利	
	促进农业和农村的可持续发展	农药使用	受盐碱和洪涝灾害影响的土地面积	
		化肥使用	农业教育	
		人均可耕地面积	农业技术推广	
		灌溉地占可耕地的百分比	农业研究强度	
			农户的能源	
			农业的能源使用	
其他自然资源	森林毁灭的治理		森林面积（天然森林面积+人造林面积）	森林管理面积的比重
				木材砍伐密度
				森林保护面积占总森林面积的百分比
	生物多样性的保护		濒危物种占本国全部物种的百分比	陆地保护面积占全国陆地面积的百分比
	生物技术		生物技术领域的研究与发展的支出	国家生物保护的规章和准则（有、无）
			生物技术领域的研究与发展人员	

		驱动力指标	状态指标	反应指标
大气	大气层保护	温室气体排放量	城镇地区的二氧化硫,一氧化碳,氧化碳,臭氧和总悬浮颗粒物的浓度（百万分率）	用于减少空气污染的支出额
		氧化硫排放量		
		氧化氮排放量		
		耗损臭氧层物质的生产和消费		
废物	固体废物及与污染有关的问题	工业区和市政区废物生成量	人均垃圾处理量	垃圾处理的支出（人均美元）
				废物再生利用率
				市区垃圾处理量
				每单位GDP的垃圾减少量
	有毒化学品		化学品导致的意外严重中毒事件（人数）	禁止使用的化学品数量
	有害废物	有害废物生成量	有害废物污染的土地面积	处理有害废物的支出额
		有害废物进出口量		
	放射性废物			
制度	科学		每百万人中拥有的科学家和工程师	研究和发展费用占GDP的百分比
			每百万人中从事研究与发展的科学家和工程师	
	能力建设			
	决策结构		国家环境统计规划	颁布对环境的影响估计
			可持续发展战略	国际协议的批准
			国家可持续发展委员会	通过国家立法对国际协议的执行
			每百户居民拥有电话	
			容易得到的信息/印刷和散发的报纸的数量和种类	
	常规信息的加强		国家可持续发展委员会的地方代表（有、无）	
			常用知识和信息的数据库（有、无）	
	主要团体的作用		国家可持续发展委员会中主要团体的代表	参加《21世纪议程》各项活动的主要团体贡献

数据来源：联合国可持续发展委员会发表报告《可持续发展委员会关于可持续发展指标的工作方案》

四 小结

　　联合国是推动全球可持续发展的中坚力量，从 1972 年在瑞典首都斯德哥尔摩召开的联合国人类环境会议到 2016 年颁布《2030 年可持续发展议程》，联合国可持续发展研究已历经 40 余载。在其 2016 年通过的《2030 年可持续发展议程》中，提出了消除极端贫困、战胜不平等和不公正及遏制气候变化等 17 项目标和 169 项具体指标。

　　为此，本章从进程、发展目标和具体指标三个角度，逐层对联合国可持续发展战略行动进行研究。对联合国可持续发展行动的研究和权威指标的学习，有助于后面部分对粤港澳大湾区可持续发展的分析更具科学性和针对性。

第二章 可持续发展研究：研究概况、指标体系与评估方法

一 可持续发展研究概况

可持续发展概念在 1980 年世界自然保护同盟（IUCN）参与制定的《世界自然保护大纲》中首次提出（陈忠暖等，2006）。可持续发展第一次把经济、社会发展与环境纳入一个统一的框架内，表明人们对经济、社会与环境关系的认识有了质的飞跃。1987 年联合国世界环境与发展委员会（WECD）在《我们共同的未来》报告中第一次对可持续发展概念作了全面、详细的阐述，这本书给出了可持续发展的明确定义："可持续发展是指既满足当代人的需要，又不对后代人满足其需要的能力构成危害的发展。"（Kates R et al., 2001；Liu J, 2010；海热提·涂尔逊等，1997；陈忠暖等，2006）该报告的问世在全世界范围内掀起了可持续发展的热潮，并得到了国际社会的广泛认同。1992 年联合国环境与发展大会发表的《里约宣言》《21 世纪议程》等纲领性文件更进一步深刻阐明了可持续发展的内涵与核心，有力地推动了可持续发展的进一步发展，使可持续发展逐渐成为全球的共同行动战略（海热提·涂尔逊等，1997；陈迎，1997）。

可持续发展概念自 1980 年提出后便得到各国政府和科学工作者的重视和关注，各国经济学家、社会学家和生态学家分别从各自学科的角度对可持续发展作了大量阐述与定义，虽各有侧重，但其概念的核心都包含经济可持续性、生态可持续性和社会可持续性三个基本要素。经济可持续性是指在生态环境承受力范围内，经济发展利益的最大限度；生态可持续性是指生态系统内部生命系统与其环境系统之间的持续转化再生能力，其本质是生态环境对经济、社会可持续发展所具有的生态承受力；社会持续性注重发展要以提高人类生活质量为目标，社会发展要同经济、环境发展相适应（吴振新，2004）。可持续发展全面批判和否定了以物质财富为中心、片面追求经济增长的传统发展观，强调将环境保护作为发展

的重要组成部分，体现资源环境对人类经济系统及人类生命支持系统不可缺少的价值，只有经济运行系统的承载力与生态、社会的承受力相适应，才能实现人口、社会、经济、资源与环境的全面协调发展。可持续发展的核心问题在于代际公平、代内公平、资源利用分配的公平，以及享有资源利用效益与负担环境保护费用的公平等一系列社会公平性原则（陈迎，1997）。

目前，世界各国纷纷采取措施在认识和行动上落实可持续发展战略，尤其是发达国家，更加注重本国可持续发展战略的落实，以期望在新一轮国际竞争中维持有利地位、保持国际话语权（孟璇，2015）。如美国作为能源消费大国，早在1996年就将可持续发展列为国家发展目标，并通过一系列健全的法制和政策不断地促进美国绿色高效地快速发展。日本作为一个资源匮乏、经济活动频繁的岛国，历来重视节能以及资源的合理利用，近年来，日本加大推广低碳社会建设，发展循环经济，将自主创新以及新能源计划上升到国家战略层面，积极促进日本的可持续发展。

中国对可持续发展也十分重视。1994年国务院正式批准《中国21世纪议程》，中国成为1992年联合国环境与发展大会后最早实施21世纪议程的国家之一，然而目前中国的可持续发展大多仍停留在理念和国家战略层面，城市快速工业化和以资源环境为代价换取区域经济短期快速增长的方式依然主导着中国区域发展的基本格局（陆大道等，2012）。随着中国经济进入新常态，面对人口压力、能源挑战、资源短缺、生态退化和环境污染等瓶颈约束的增大，中国区域可持续发展将面临严峻的挑战（牛文元，2012）。粤港澳大湾区作为中国经济发展最活跃的地区之一，其可持续发展的状况和变化对中国有着不可估量的影响。

国内外文献普遍认为，从可持续发展概念的提出到可持续发展程度的量化，指标体系的构建、合理的可持续性评估至关重要。建立一套合理科学的指标体系有利于全面充分地了解国家或地区的发展与可持续发展目标之间的差距，找出存在问题，并校正发展方向，使可持续发展从理论研究阶段进入具体操作阶段（张卫，2006；曹斌，2010）。下面对目前国内外可持续发展指标体系研究作具体阐述。

二 联合国可持续发展指标体系：可持续发展委员会、统计局、环境问题科学委员会

（一）联合国可持续发展委员会的可持续发展指标体系

联合国可持续发展委员会参考经济合作发展组织（OECD）提出的"压力—

状态—回应"（PSR）的架构并进一步修改为"驱动力—状态—响应"模型（DSR 模型）（叶文虎等，1997）。该指标体系（UNCSD 体系）是以 DSR 模型和"经济、社会、环境和机构四大系统"的概念模型为基础，结合《21 世纪议程》内容提出的一个初步的可持续发展核心指标框架。其中，驱动力指标反映造成发展不可持续的人类活动、过程和方式；状态指标描述可持续发展的状况；响应指标用以表征对可持续发展所采取的对策等。该指标体系的主要缺陷为：一是该体系的理论基础是 DSR 模型，比较适合描述环境受到的压力和环境退化之间的关系，对社会和经济指标的重视不够；二是指标数目过多，且粗细分解不均，压力指标和状态指标之间界定模糊，指标适用性不强（陈忠暖等，2006）。

（二）联合国统计局的可持续发展指标体系

该指标体系即联合国环境统计发展框架（FDES）不以环境因素或环境成分作为划分指标依据，而是以《21 世纪议程》的内容对指标进行分类，由经济问题、大气和气候、固体废弃物、机构支持 4 个方面组成（陈忠暖等，2006）。该体系的缺陷同 UNCSD 类似，均存在指标数目多且分类混乱的情况（叶文虎等，1997）。

（三）联合国环境问题科学委员会的可持续发展指标体系

该指标体系由环境问题科学委员会（SCOPE）和联合国环境规划署（UNEP）针对 UNCSD 体系和 FDES 两种指标体系存在的问题于 1996 年提出。这是一套高度综合的可持续发展指标体系，包括环境、自然资源、自然系统、空气和水污染 4 个层面，共 25 个指标。从构成子系统来看，该指标体系可划分为经济、社会、环境等子系统，指标体系简单明了，易于认识和掌握，但指标权重的确认有较大的随意性，对可持续发展的理解不同，区域差异会较大（陈忠暖等，2006）。

三 世界银行的可持续发展指标体系：自然资本、生产资本、人力资本、社会资本

世界银行 1995 年 9 月提出以"国家财富"或"国家人均资本"为依据度量各国发展的可持续性（叶文虎等，1997），公布了衡量可持续发展的新指标体系。该指标体系首次将无形资本纳入可持续发展度量要素，考虑了自然资本、生产资本、人力资本和社会资本 4 个要素。其中，自然资本代表了生存与发展的基础，

生产资产代表了可转换为市场需求的能力，人力资本代表了对于生产力发展的创造潜能，社会资本代表了国家（区域）的组织能力和稳定程度。这一体系对财富的概念进行了丰富，突破了仅以投资、贸易等为表征的传统范畴，且该体系有史以来第一次对各国的可持续能力进行了动态判别。然而其缺点是试图以单一的货币尺度度量国家财富，这在现阶段困难较大，而且该体系忽略了可持续发展的空间差异性，实操性不强（陈忠暖等，2006）。

四　国际指标探索：国际发展组织真实发展指标、道琼斯企业可持续发展指数、世界经济论坛环境可持续指数和环境保护绩效指数

真实发展指标由国际发展组织等在 1995 年提出，扩展了传统的国民经济核算框架，包括社会、经济和环境三大要素（Cobb，1995）[1]。考虑到 GDP 没有对增加福利和减少福利的经济活动进行区分、忽略了非市场交易活动的贡献，这一指标对 GDP 忽略的 20 多个方面的因素进行了估计。在这一指标体系下，市场和非市场活动的价值得以同时被包含在一个综合性框架中。不过，真实发展指标对社会和环境等非市场性的货物和服务很难测算，且真实发展指标在确认某一因素对 GDP 的调整方向时主观性过强。

除上述衡量体系以外，世界自然保护联盟和国际发展研究中心也在 1995 年建立了著名的"生态足迹"，道琼斯集团和 SAM 集团在 1999 年共同建立了"道琼斯企业可持续发展指数组"，欧盟委员会也在 1999 年提出了"环境压力指数"（Dow Jones Corproration，1999）[2]。

步入 21 世纪，可持续发展评价体系研究日渐趋于成熟，这一阶段的研究对象更为具体，如世界经济论坛（2005）[3] 先后提出了环境可持续指数和环境保护绩效指数。前者追踪了包括自然资源、过去与现在的污染程度、环境管理努力等在内

[1]　Cobb G，Halstead C，Rowe T.，"The Genuine Progress Indicator：Summary of Data and Methodology"，San Francisco，CA：Redefining Progress，1995.

[2]　Dow Jones Corproration，SNOXX，SAM，"The Dow Jones Sustainability Indexes"，1999. Wackernagel M，Rees W E.　"Perceptual and Structural Barriers to Inveting in Natural Capital：Economics from an Ecological Footprint Perspective"，Ecological Economics，1997，20：3 – 24. World Business Council for Sustainable Development.　"Eco-efficiency Indicators and Reporting：Report on the Status of the Project's Work in Progress and Guidelines for Pilot Application"，Geneva，Switzerland，1999.

[3]　Yale Center for Environmental Law & Policy，Center for International Earth Science Information Network.　"Environmental Sustainability Index"，2005.

的 21 项环境永续的因素；后者则是对前者的替代，环境保护绩效指数使用了以结果为导向的指标。后者共有环境卫生和生态活力 2 个大目标，在环境卫生目标下有 3 个政策分类，生态活力下 7 个政策分类，每个政策分类下都有相对应的指标。

五 中国可持续发展指标体系：生态足迹法、社会统计学方法、环境经济学方法

自 20 世纪 90 年代以来，中国学者对可持续发展研究十分活跃，涌现了很多效果较好以及认可度较高的指标体系。国家科技部结合《中国 21 世纪议程》内容，提出了中国可持续发展指标体系，该体系包括经济、社会、人口、资源、环境和科教 6 个部分，每个子系统内根据不同的侧重点建立不同的描述性指标和评价指标，共选入 83 项评价指标（李建斌等，2010）；中国科学院可持续发展战略研究组（2002）依据系统学的理论和方法，独立设计了一套"五级叠加、逐层收敛、规范权重、统一排序"的可持续发展指标体系，具体分为总体层、系统层、状态层、变量层和要素层 5 个等级，包含 47 个指数、249 项要素，该系统层次分明，对于中国各省、各市区可持续发展状况的系统全面评价有很重要的理论和实践价值，但该指标体系存在指标数量过多、指标选择具有主观性等缺点（张卫等，2006）。国家环保总局也于 2002 年编制了《生态市建设指标（试行）》[①]，在这一指标体系下包含了经济发展、环境保护和社会进步 3 个方面。

根据国内外学者指标体系的构建方法不同，目前指标体系的构建总体上大致可以分为生态足迹法、社会统计学方法和环境经济学方法等思路。

生态足迹法是目前生态环境学中最常用的度量可持续发展程度的方法之一，通过测算人类对自然生态的需求与自然能提供的生态服务之间的差距，分析人类对生态系统的依赖性、生态系统的承受能力，是一种直观且综合评估可持续发展状况的指标模型（周静等，2012；高标等，2013；Wackernagel M et al.，1997）。在生态足迹账户核算中，各种物质消费、能源消费等均按相应的换算比例折算成相应的土地面积，并以此测算出城市的人均生态足迹以及人均生态承载力（周静等，2012）。如周静等运用生态足迹法分析南京市 1999—2009 年人均生态足迹及生态承载力变化情况，并采用灰色关联模型从经济、社会和生态子系统方面分析

---

① 环境保护部，环发〔2003〕91 号，http://www.zhb.gov.cn/gkml/zj/wj/200910/t20091022_172195.htm。

不同阶段人均生态足迹变化的原因以及南京可持续发展存在的问题（周静等，2012）。但该模型的计算结果通常只反映经济决策对环境的影响，忽略了发展中的其他重要因素，因此计算结果有高估地区生态状况的可能（Rees W E，1992；杨艳等，2011；周静等，2012；高标等，2013；陈健等，2009）。

社会统计学因其良好的结构性、信息丰富以及易与现有的统计系统相结合等特点，是国内外经济学者研究可持续发展指标体系的主攻方向（陈迎，1997）。社会统计学方法一般选择能反映可持续发展内涵的关键性指标，并建立一套科学、合理的指标体系以及相应的评价方法来评定国家或地区的可持续发展水平（陈迎，1997；刘晓辉等，2008；檀菲菲，2016）。刘耀彬等（2002）根据可持续发展理论和城市特征，结合城市可持续发展能力评价指标选取的统一性、可持续性、科学性、主导性、简捷性和可操作性等原则，利用 AHP 分析法将武汉市可持续发展指标体系分为五个层次：目标层、分目标层、领域层、调控层和指标层。分目标层包括发展能力和可持续协调支持能力；领域层包括人文资本和自然资本；调控层包括人造资本发展能力、人口压力、人力资本支持能力、社会环境协调能力、自然资源支持能力、自然环境支持能力；最底层目标层由人均固定资产投资、社会负担系数、科技教育投资率、社会犯罪率、土地生产指数、环保投入产出系数等 40 项具体指标构成。

环境经济学方法的核心是用经济价值量来估量自然资源存量或因人类活动造成的自然资源损耗和环境损失，如"绿色"GDP 指标、资源环境的"卫星账户"体系等。石建平（2004）提出了简化绿色 GDP 的概念，并以福建省为例，从环境降级成本、资源损耗等方面对现行 GDP 进行了修正。王德发等人（2005）根据联合国环境与经济核算体系（SEEA）中关于环境投入产出核算的基本原理，构建了核算模型来计算中国的实际环境投入产出，在计算过程中充分考虑了能源、环境对经济增长的影响，测算了上海市工业部门的绿色 GDP。但这些方法因其操作性不强以及经济成本过高，国内外这方面的研究较少（陈忠暖等，2006）。

六 可持续发展能力评估方法：层次分析法、主成分分析法、因子分析法、ESDA 模型

可持续性评估是可持续发展研究的重要内容，通过观察现象和突出趋势，将复杂的系统信息简单化和定量化，能直接有效地表征国家或地区的可持续发展程度，其核心目的是为决策者提供关于社会与资源环境复合系统短期和长期的运行

信息，为管理决策提供理论支持（Kates R et al.，2001；曹斌等，2010）。国内外学者对区域可持续发展能力评估的方法众多，目前主要有层次分析法（刘晓辉等，2008；陈忠暖等，2007）、主成分分析法（张自然等，2014；杨建辉等，2013；许学强等，2001）、因子分析法（孙亚男，2016；韩静等，2011）、熵值法（林振铭等，2013）、ESDA 模型（彭程等，2016）等。文献普遍认为中国可持续发展总体上呈上升趋势，但存在内部发展不均衡等问题。如刘晓辉（2008）等在探讨粤港澳可持续发展的过程中，采用层次分析法处理各层次各指标的权重，得到最终的测算结果，结果表明地区可持续发展状况总体上是朝着好的方向发展，处于较高的发展层次；但就其内部结构特征来看，其社会、经济、资源环境等方面发展差异较大，且波动十分显著，这对粤港澳地区可持续发展的稳定增长产生了极大的负面影响（刘晓辉等，2008）。杨建辉等在分析中国沿海经济区可持续发展能力时，采用主成分分析和聚类分析的方法，得出中国沿海经济区可持续发展能力的分类情况，认为中国沿海经济区各区域内部子系统都不够协调，经济较发达的地区在追求经济发展的同时，忽略了对生态环境的同比补偿以及对社会的同步建设（杨建辉等，2013）。

七 小结

本章综合国内外学者在可持续发展方面的研究，对可持续发展概念的提出、含义以及可持续发展评估方面作出综述。现有的研究表明，可持续发展指标体系的建立多以社会统计学方法为主，本报告指标体系也采用社会统计学方法；可持续发展能力评估方法较为多元，文献大多根据研究区域的独特性采用不同的评估方法。因此，目前粤港澳地区可持续发展研究多以定性分析为主，定量分析以及预测分析较少，不利于从发展现状以及未来发展空间方面为决策者提供理论支持。

第三章　全球可持续发展行动经验：美国、新加坡、中国、巴西

一　美国可持续发展行动：九大目标

为了保证公民能够享受健康的环境、被公平合理地对待，美国可持续发展理事会于 1996 年针对美国可持续发展情况提出了九个相互依存的、对美国经济繁荣和环境保护重要的可持续发展目标（丘史，1996），具体内容如下。

第一，健康与环境：保证每个人都能享受新鲜的空气、清洁的水和健康的环境。

第二，经济繁荣：保持健康的美国经济。这种经济可充分增长并创造有意义的工作，减少贫困，在这个充满竞争的世界里为得到高质量生活提供机会。

第三，保护自然：保护和恢复生态系统的健康和生物多样性，保证后代对自然资源的可用性。

第四，乘员关系：创造一种道德乘员关系，鼓励个人、公共机构的行为对经济、环境和社会的后果负责。

第五，可持续社区：为所有市民开发能产生教育和经济机会的社区，在提高安全、健康环境的同时促进公众的管理和参与管理的意识。

第六，公民参与：提高市民、商业行为和社区对有关的自然资源、环境和经济决定的影响以及他们参与的机会和能力。

第七，人口：向稳定美国人口的目标而努力。

第八，国际责任：在制定全球可持续发展政策、接受行为准则、有助于可持续性发展的美国贸易和对外政策等诸方面起带头作用。

第九，教育：保证所有的美国人可以得到正规教育和终生学习的机会，使他们能应付有意义的工作，为高质量的生活做好准备，并理解可持续发展的概念。

二 新加坡可持续发展行动：六大目标

为了确保新加坡在经济和人口增长的同时继续拥有高质量的居住环境，新加坡可持续发展委员会于 2015 年提出《新加坡可持续发展蓝图 2015》，《蓝图》中详细描述了新加坡 6 个可持续目标和 23 个详细指标①，具体内容如下所示。

（一）绿色和蓝色空间

1. 城市绿化率
2. 供娱乐的公园与河道数目
3. 供娱乐的公园连道和水道长度
4. 自然道路的长度
5. 10 分钟内可步行至公园的家庭比例

（二）交通

1. 自行车道长度
2. 高峰期使用公共交通的人数比例
3. 铁路网的长度
4. 10 分钟内可步行至火车站的家庭比例

（三）资源

1. 达到 BCA 绿色标识认证等级的建筑比例
2. 能源强度改善
3. 国内人均每天用水量
4. 回收率

（四）空气质量

1. PM2.5
2. PM10
3. 二氧化硫浓度

---

① 《新加坡可持续发展蓝图 2015》，2015 年，http：//www.mewr.gov.sg/。

4. 臭氧浓度

5. 二氧化氮浓度

6. 一氧化碳浓度

（五）排水

1. 洪水高发地区面积

（六）社区管理

1. 活跃的环保志愿者数目

2. 花园社区的数目

3. 无垃圾的旅游景点数目

三　中国可持续发展行动：九大重点领域

中国面临的可持续发展挑战依然严峻，人口快速增长、贫困问题远未解决、气候变暖凸显、区域环境污染严重、战略性资源和能源供需矛盾加剧、环境与发展的公平正义面临新困境等问题层出不穷。为此，中方在 2015 年通过了《2030年可持续发展议程》，以提高国内可持续发展能力。

根据 2015 年通过的《2030 年可持续发展议程》，中方出台了《落实 2030 年可持续发展议程中方立场文件》①，文件表明中方将从消除贫困和饥饿、保持经济增长、推动工业化进程、完善社会保障和服务、维护公平正义、加强环境保护、积极应对气候变化、有效利用能源资源、改进国家治理等九大重点领域和优先方向加快推进可持续发展议程。

第一，消除贫困和饥饿。贫困是当前国际社会面临的首要挑战和实现可持续发展的主要障碍。要把消除贫困摆在更加突出位置，积极开展精准扶贫、精准脱贫。提高农业生产水平和粮食安全保障水平，为消除贫困打下基础。

第二，保持经济增长。经济增长是消除贫困、改善民生的根本出路。要制定适合本国国情的经济政策，调整优化经济结构，着力改变不可持续的消费和生产模式。实施创新驱动发展战略，加强科技创新和技术升级，拓展发展动力新空

---

① 《落实 2030 年可持续发展议程中方立场文件》，人民网，http：//world.people.com.cn/n1/2016/0426/c1002-28305502.html。

间，推动经济持续、健康、稳定增长。

第三，推动工业化进程。统筹推进包容和可持续工业化和信息化、城镇化、农业现代化建设，为城乡区域协调发展、经济社会协调发展注入动力。在改造提升传统产业的基础上，培育壮大先进制造业和新兴产业。

第四，完善社会保障和服务。健全就业、教育、社保、医疗等公共服务体系，稳步提高基本公共服务均等化水平。实施更积极的就业政策，完善创业扶持政策，鼓励以创业带动就业。保障包括弱势群体在内的每个人的受教育权利，提高教育质量，保障全民享有终身学习机会。实施最低社会保护，扩大社会保障覆盖面。完善基本医疗服务制度，促进基本医疗卫生服务的公平性和可及性，维护每个人的生存尊严。

第五，维护公平正义。把增进民众福祉、促进人的全面发展作为发展的出发点和落脚点。坚持以人为本，消除机会不平等、分配不平等和体制不平等，让发展成果更多、更公平惠及全体人民。促进性别平等，推动妇女全面发展，切实加强妇女、未成年人、残疾人等社会群体权益保护。

第六，加强环境保护。树立尊重自然、顺应自然、保护自然的生态文明理念。加大环境治理力度，以提高环境质量为核心，推进大气、水、土壤污染综合防治，形成政府、企业、公众共治的环境治理体系。推进自然生态系统保护与修复，保护生物多样性，可持续管理森林，加强海洋环境保护，筑牢生态安全屏障。

第七，积极应对气候变化。坚持共同但有区别的责任原则、公平原则和各自能力原则，加强应对气候变化行动，推动建立公平合理、合作共赢的全球气候治理体系。把应对气候变化纳入国家经济社会发展战略，坚持减缓与适应并重，增强适应气候变化能力，深化气候变化多双边对话交流与务实合作。

第八，有效利用能源资源。全面推动能源节约，开发、推广节能技术和产品，建立健全资源高效利用机制，大幅提高资源利用综合效益。建设清洁低碳、安全高效的现代能源体系，促进可持续能源发展。大力发展循环经济，培养绿色消费意识，倡导勤俭节约的生活方式。建设节水型社会，实施雨洪资源利用、再生水利用、海水淡化。

第九，改进国家治理。全面推进依法治国，把经济社会发展纳入法治轨道。促进国家治理体系和治理能力现代化。创新政府治理理念，强化法治意识和服务意识。改进政府治理方式，充分运用现代科技改进社会治理手段。加强社会治理基础制度建设，构建全民共建共商共享的社会治理格局。

四 巴西可持续发展行动：八大目标

1992 年里约世界环境与发展大会后，巴西政府将人归纳为社会经济发展的重要部分，注重人赖以生存的土地、环境、资源和世界经济发展大环境之间密不可分的关系，制定了包括以下八个行动目标在内的可持续发展战略。（陈光庭，2002）

第一，逐步消除贫困。巴西采取的措施是改革社会组织机构和计划，使收入分配向贫困阶层倾斜。加强国家政治管理职能，打破地域界限，使人尽其力、物尽其用。

第二，合理利用能源。巴西规定，不能过分利用自然能源和化石能源，要发展生物能源；发展节能低耗工业，开发生物技术，处理和深化利用垃圾废物。在今后 20 年内石油和水电作为主要能源，占巴西能源消耗的 60%—70%。

第三，建立新的交通体系。巴西中心大城市的交通车辆要以天然气替代汽油。宪法规定，凡超过 2 万人口的城市都要制定交通运输发展总体规划，控制基础设施用地，合理设置道路。

第四，建立生态平衡经济发展区。亚马逊地区、半干旱地区、稀树草原区等根据本地区自然地理条件因地制宜，制定可持续发展行动计划。

第五，发展农业多品种种植和食品多样化。

第六，保护生物多样性，开发多样化生物产品。巴西拥有世界上最大的自然遗传种子宝库，合理利用这一宝库具有重大意义。

第七，加大经济投入，促进科研开发和高新技术产业的发展。巴西通过标售国营企业股份、吸引外资和给予优惠政策来促进高新技术发展。

第八，培养人才，扩大教育面，增强全民环保和可持续发展意识。巴西在人才培训方面采取的一个重要措施是加强国际合作，通过与国际机构和人员的交流培养科学人才，建立一支具有独立科研、试验和生产能力的技术队伍。

五 其他国家

英国将社区作为评价单位，并以此衡量地方的可持续发展水平。基于联合国环境规划署（UNEP）的思路，英国把"在支持生态系统的承载力之内改善生活质量"作为基础，把目标设定在"必须保证经济健康发展以提高生活质量，同时保护人类健康和环境；并且在英国及海外，所有部门的所有参与者都应该支付他们决策的社会和环境的全部成本；不可再生资源的利用必须得到优化，可再生资源必须得到可持续的使用；最小化人类活动对环境承载力所造成的损害、对人类健康和生物多样性构成的危险"。英国在确定了其存在的关键问题后，建立了可持续发展指标框架，该框架包括 13 个主题、146 个具体指标。

基于反应—行动—循环的指标体系，加拿大环境经济圆桌会议（National Round Table on the Environment and Economy）提出了一个新的可持续的评价方法，这一方法认为生态系统和人类应处于相同的地位，主要强调：生态系统的整体性和福利；人类的福利及其自然的、社会的、文化的和经济的评估；人类与生态环境之间的互相作用和以上三者之间的综合与联系。在评价生态系统时，用到的指标分为五方面，分别是土地、水、空气、生物多样性和资源利用。在评价人类社会时，用到的指标包括个人和家庭的健康、社区的力量和自我恢复能力、事业的多样性与成功、政府的效率和经济波动这五个方面。在圆桌会议提出的体系中，仅生态系统方面的指标就有 245 个，体系相对庞大。

此外，荷兰等国也提出了适用于自己国家的评价可持续发展的方法。

六　小结

近年来，美国、新加坡、中国和巴西等国家在发展保护环境、消除贫困和实现可持续增长方面成效显著，得到世界各国的认同，在落实可持续发展方面亦走在了世界的前列。

为此，本章以美国、新加坡、中国、巴西以及部分其他国家可持续发展的行动作为国家层级可持续发展研究的代表，从目标和具体内容方向分析上述国家可持续发展研究情况。从国家层级研究可持续发展方向，对后续大湾区可持续发展研究章节具有深刻的参考价值。

粤港澳大湾区可持续发展：规划实践、目标原则与指标体系

第四章 粤港澳大湾区可持续发展：理论综述与规划实践

一 粤港澳大湾区可持续发展：理论综述

2014 年，深圳市政府工作报告首次提出"湾区经济"概念，并倡议联手周边城市共同打造粤港澳大湾区，以新的经济形态促进经济全面提质增效升级。① 2015 年 3 月，广东省政协委员谭刚在两会期间指出构建粤港澳大湾区有助于"十三五"期间形成以湾区经济为引领的发展新常态。② 2015 年 4 月，粤港澳大湾区被正式写进国家《推动共建丝绸之路经济带和 21 世纪海上丝绸之路的愿景与行动》③。2016 年 3 月 3 日，国务院印发的《关于深化泛珠三角区域合作的指导意见》正式将泛珠三角区域合作上升为国家战略，并明确要求广州、深圳携手港澳，共同打造粤港澳大湾区，建设世界级城市群。④ 2017 年 3 月，粤港澳大湾区首次被写入国家政府工作报告。⑤

粤港澳大湾区是指由广州、佛山、肇庆、深圳、东莞、惠州、珠海、中山、江门 9 市和香港、澳门 2 个特别行政区形成的城市群，是继美国纽约湾区、美国旧金山湾区、日本东京湾区之后，世界第四大湾区。湾区经济作为重要的滨海经济形态，是当今国际经济版图中的重要引擎。世界银行数据显示，全球 60% 的经济总量集中在湾区部分。因此加快粤港澳大湾区城市群的建设，全面提升粤港澳

---

① 《深圳市 2014 年政府工作报告》，深圳市政府工作网站，2014 年 3 月，http://www.sz.gov.cn/zf-gb/2014/gb872/201403/t20140305_2318468.htm。

② 《粤港澳湾区跃升"十三五"中国经济第四极》，搜狐财经，2017 年 3 月，http://www.sohu.com/a/129536283_114986。

③ 《纳入国家战略后的粤港澳大湾区：香港、澳门发展新引擎》，新华网，2017 年 12 月，http://www.xinhuanet.com/gangao/2017-12/29/c_129778828.htm。

④ 《国务院关于深化泛珠三角区域合作的指导意见》，国务院，2016 年 3 月 http://www.gov.cn/zhengce/content/2016-03/15/content_5053647.htm。

⑤ 《2017 年政府工作报告》，国务院，2017 年 3 月，http://www.gov.cn/premier/2017-03/16/content_5177940.htm。

可持续发展能力尤为重要（人民网，2017）。① 政府提出的相应发展不仅有助于增加粤港澳三地可持续发展能力，还有利于推动粤港澳大湾区经济协调发展程度，促进港澳长期繁荣稳定。

粤港澳大湾区是中国经济最发达、最成熟、最有影响力的地区之一，也是一个开放的地区之一。由于过去对经济发展的过分强调，该地区目前经济、资源、环境和人口之间的矛盾较为突出。如何正确评价该地区的可持续发展状况及其变化，对于粤港澳大湾区制定和实施可持续发展战略十分重要（刘晓辉等，2008；徐红宇等，2004；陈忠暖等，2006）。从现有研究来看，粤港澳大湾区可持续发展研究多侧重定性分析和可持续发展战略研究，通过构建指标体系进行定量研究的较少（郑华锋，2010；李仲钦，2008；王树功等，2002）。粤港澳大湾区长期以来就是一个内部联系合作非常紧密的区域综合体，任何一个个体都不能脱离其他个体对它的影响，然而现有的研究多对香港、澳门、珠三角地区进行分离的可持续发展研究，较为零散，忽略了把粤港澳大湾区作为一个整体系统地进行分析，使得可持续发展分析缺乏客观性，不能很好地为决策者提供理论支持（郑华峰，2010；李仲钦，2008；许学强等，2001；顾涧清，1996；袁易明，2000；甄坚伟，2002；郭程轩等，2003；曾涤等，2001；陈忠暖等，2006）。同时，国内外的研究大多侧重可持续发展指标体系和评价方法，发展趋势预测则相对薄弱，而要实现区域可持续发展，地区需尽早采取必要调控措施，对不利于可持续发展的因子进行有效调节和修正（荆平等，2008）。

二 粤港澳大湾区可持续发展：规划实践、评估制度、发展目标

(一) 广东省"十三五"规划：经济、制度、生态、社会、生活

为了响应"十三五"规划中绿色发展理念，实现绿色发展目标，2016 年 1 月 30 日广东省十二届人大四次会议审议通过《广东省"十三五"发展规划纲要》②，将率先全面建成小康社会、基本建立比较完善的社会主义市场经济体制、基本建立开放型区域创新体系、基本建立具有全球竞争力的产业新

---

① 《粤港澳大湾区规划呼之欲出谁是"领头羊"？》，人民网，2017 年 4 月，http://gd.people.com.cn/n2/2017/0418/c123932 - 30046374.html。
② 《广东省"十三五"发展规划纲要全文》，2016 年，http://www.cnrencai.com/zhongguomeng/318615.html。

体和基本形成绿色低碳发展新格局作为"十三五"发展规划中广东省的发展
目标。

规划指出，截止到 2030 年，经过 3 个五年规划的努力和发展，广东省经济
社会发展将形成以创新为主要引领和支撑的经济体系和发展模式，物质技术基础
更加雄厚，生产力水平明显提高，制度体系更加成熟定型，生态环境更加优美，
社会更加和谐，人民生活水平将在全面小康基础上迈上一个新的台阶，率先基本
实现社会主义现代化的基础将更加坚实。

(二) 香港特别行政区可持续发展评估制度：经济、自然资源、生物多样化、休闲与文化生活、环境质素、交通运输

香港环境局（可持续发展委员会）2001 年 12 月在政府内部公布的可持续发
展评估制度中对可持续发展目标和细则做出了规定①。

1. 经济

（1）以成本效益分析计算的经济收益。

（2）小学、中学及高等教育的开支相对于本地生产总值的比率。

（3）本地固定资本形成总额相对于本地生产总值的比率。

（4）除税后住户入息上四分位数增减百分比与除税后住户入息下四分位数增
减百分比的差额。

（5）新增/失去职位数目。

（6）研发开支相对于本地生产总值的比率。

2. 自然资源

（1）人均最终弃置建筑废物量。

（2）每单位产值本地生产总值的能源消耗量。

（3）人均能源消耗量。

（4）人均食水供应和消耗量。

（5）堆填区尚余吸纳总量。

（6）本地食水资源占需求量的百分比。

（7）人均最终弃置都市固体废物量。

（8）以区域为本具重要景观特征的地方总面积。

（9）以据点为本具重要景观特征的景点及古树名木总数。

---

① 香港环保局，《可持续发展参数及问题清单》，http：//www.enb.gov.hk/tc/susdev/su/sus.htm

3．生物多样化

（1）受当局保育的海洋栖息地面积。

（2）受当局保育的陆地栖息地面积。

（3）具高生态价值的香港海洋面积。

（4）具高生态价值的香港陆地面积。

4．休闲及文化活动

（1）休憩用地少于规定的地区所住人口的百分比。

5．环境质素

（1）二氧化碳每年的排放量。

（2）根据空气质素指标的百分比计算的标准空气污染物综合指数。

（3）受过量噪音影响的人口百分比。

（4）根据水质指标的百分比计算的海水水质污染物综合指数。

（5）环境保护署录得水质指数"极佳"或"良好"的河流监测站的百分比。

（6）根据可接受风险的百分比计算的有毒空气污染物综合指数。

6．交通运输

（1）陆路货运成本相对于本地生产总值的比率。

（2）平均交通行程距离：乘客在早上繁忙时段乘搭各种主要交通工具的行程距离。

（3）交通网络平均速度：以乘客行程总距离除以乘客行程总时数计算。

（三）澳门特别行政区七大可持续发展目标：经济、产业、休闲、生活、文教、环境、法治

为了响应中央"十三五"可持续发展规划的号召，将澳门建成"一个中心"，使其真正成为名副其实的旅游休闲城市、宜居城市、安全城市、健康城市、智慧城市、文化城市、善治城市，澳门特别行政区政府在 2015 年出台澳门五年发展规划（2016—2020 年）中，综合考虑现实条件，确定了未来 5 年的七大可持续发展目标。①

1．整体经济稳健发展

2．产业结构进一步优化

3．旅游休闲大业态逐步形成

---

① 《澳门五年发展规划（2016—2020 年）》，2015 年，http：//www. cccmtl. gov. mo/main. aspx？l＝cn。

4. 居民生活素质不断提高

5. 文化与教育持续发展

6. 环境保护成效显著

7. 施政效能进一步提升，法治建设不断加强

三　小结

　　本章对粤港澳大湾区可持续发展的理论与实践进行了分析。粤港澳大湾区是中国经济最发达、最成熟、最有影响力的地区之一，也是一个开放的地区之一，由于过去对经济发展的过分强调，该地区目前经济、资源、环境和人口之间的矛盾较为突出。为了加强经济、社会、环境协调发展能力，广东省、香港以及澳门地区均出台了相应措施，以响应中央关于促进可持续发展的号召。

第五章　粤港澳大湾区可持续发展：
目标原则与指标体系

一　目标

可持续发展是人类面临的涉及人口、资源、经济、社会、环境等方面的重大考验。可持续发展指标体系是可持续发展评价系统的重要组成部分，建立一套评估区域可持续发展的指标体系，能帮助我们了解城市发展与可持续发展目标之间的差距，并校正发展方向，它是将可持续发展从概念和理论推向实践过程的有效手段，也是决策者的政策性工具和公众的信息工具。

粤港澳大湾区是中国经济发展最快的地区之一，也是一个内部差异较大、各个城市之间发展不平衡的区域。正确评价整个地区和各个城市的可持续发展状况和变化，对于制定和实施可持续发展战略以及提升城市未来竞争力和人民生活水平具有十分重要的意义（陈忠暖等，2006）。因此，建立一套科学合理的可持续发展指标体系是粤港澳大湾区可持续发展的重要一步（王菲，2006）。

二　原则

科学合理的指标体系是评价区域可持续发展的可靠基础和保证，也是正确引导城市可持续发展方向的重要依据。指标体系的建立必须遵循一定的原则，而不能是一组任意指标的简单堆砌。受学科领域、地缘差异和研究方法的影响，至今，对建立指标体系应遵循的原则尚未形成统一的认识。借鉴国内外建立可持续发展指标体系的经验，结合粤港澳大湾区的发展情况，大湾区 11 个城市可持续发展指标体系设计应主要遵循以下原则。

（一）系统科学性

指标体系必须能够全面反映城市可持续发展的各个方面，并使评价目标和评价指标有机联系，形成一个层次分明的整体。指标体系的建立应符合城市发展演化的客观规律，且能够反映出可持续发展的科学内涵，力求避免主观臆造（张卫等，2006）。指标的选取应符合统计规范，考虑到港澳地区与珠三角地区的统计口径和统计数据的差异性，因此最好利用现有的权威统计资料，保证指标数据的可信度。数据处理方法具有科学依据，指标目的清楚、定义准确，能够量化处理（王菲，2006）。

（二）简明可行性

可持续发展指标体系是简易性和复杂性的统一，从资料获取和指标量化角度来看，评价指标体系的结构要力求简单。指标选择应强调代表性、典型性、可获得性。同时，应避免指标之间的交叉与重复，以降低信息的冗余度。指标体系最终供决策者使用，为政策制定和科学管理服务，因此，应尽量利用和开发统计部门现有的公开资料，以利于指标体系的运用和掌握（陈忠暖，2006；王菲，2006）。

（三）动态引导性

可持续发展，既是一个目标，又是一个过程，因此，评价指标体系应充分反映城市动态变化的特点，体现出城市的未来发展趋势。可持续发展指标体系一方面能在对过去和现在进行分析的基础上，反映城市发展现状以及发展变化规律；另一方面能在时间尺度上刻画城市可持续发展的能力强弱，以及对未来可能发生的变化趋势做出预测。通过它实现城市运行模式的选择和调控，以引导城市沿着预定的目标发展（陈忠暖，2006；王菲，2006）。

（四）指标可比性

指标体系的设计应注重各项指标尽可能采用国际上通用的名称、概念和计算方法，使之具备必要的可比性，同时，具体指标也应具有时间上的可比性，以便用于纵横向比较，从而能对各城市各时期的可持续发展程度进行动态分析和评价（陈忠暖，2006；王菲，2006）。

（五）问题针对性原则

由于区域的多样性，因此建立区域可持续发展指标体系应具有针对性，即整个综合评价指标体系的构成必须紧紧围绕着指定城市的可持续发展层层展开，使最终的评价结论能反映我们的评价意图（王菲，2006）。

三　指标体系

(一) 指标体系构建

借鉴国内外学者区域可持续发展能力评价体系的研究现状和已有的研究成果，遵循上文提到的指标体系设计原则，并结合粤港澳大湾区发展历史和现状，我们建立了能够反映经济、社会、资源环境协调发展现状和趋势的可持续发展定量评价的指标体系（杨建辉等，2013；许学强等，2001；陈忠暖等，2006）。本报告大湾区城市可持续发展指标体系包括经济、社会、资源环境 3 个属性层的子系统，共 13 个二级指标、26 个三级指标（见图 5—1）。

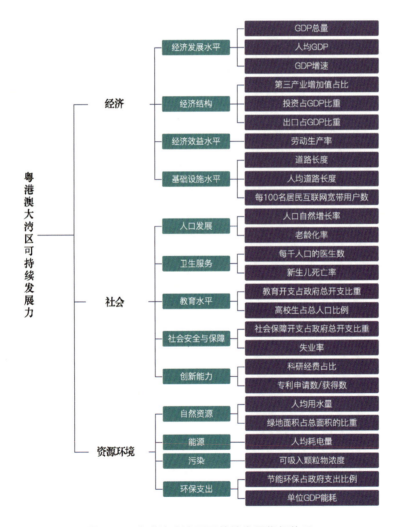

图 5—1　粤港澳大湾区可持续发展指标体系

经济子系统主要反映粤港澳大湾区经济发展状况，是城市可持续发展的条件。经济子系统包括经济发展水平、经济结构、经济效益水平和基础设施水平4个二级指标，10个三级指标。其中经济发展水平中3个具体指标的选取主要参考《南方日报》《珠三角竞争力2014年度报告》，经济结构、经济效益水平和基础设施水平的具体指标参考《2030年可持续发展议程》。①

社会子系统主要反映社会综合发展水平，是粤港澳大湾区可持续发展的保障与目的。参考联合国《2030年可持续发展议程》，社会子系统包括人口发展、卫生服务、教育水平、社会安全与保障、创新能力5个二级指标，10个三级指标。

资源环境子系统主要反映资源、环境禀赋和经济发展对资源、环境的影响，是粤港澳大湾区可持续发展的基础。参考联合国《2030年可持续发展议程》，资源环境子系统包括自然资源、能源利用、污染、环保支出4个二级指标，6个三级指标。②

（二）测度指标选构

大湾区11个城市可持续发展指标体系由经济、社会、资源环境3个系统、13个二级指标、26个三级指标构成。下面分别对其中指标的具体界定、数据来源和计算方法等作详细阐述。

1. 测度指标选择原则

由于香港、澳门和珠三角三地统计方法和管理体制等因素的影响，三地在指标数据的统计项目设置、统计口径、统计度量单位方面存在较显著的差别。因此，在构建粤港澳大湾区可持续发展指标系统时，测度指标的选择主要遵循了以下几个原则。

（1）统计项目、统计口径一致。

在指标选择方面，寻求指标数据在统计项目、统计口径上的一致是指标选择的重要前提。我们在指标选择过程中，不得不放弃一些统计项目、统计口径不一致的指标。如在搜集各个城市收入差距指标数据时，遇到珠三角地区和香港、澳门统计口径上的不一致：珠三角9个城市以城镇收入和农村收入作为统一口径；

---

① 《珠三角竞争力2014年度报告》，《南方日报》2014年，http：//gz. southcn. com/g/node_314656. htm。

② 中国外交部，2016年，http：//www. fmprc. gov. cn/web/ziliao_674904/zt_674979/dnzt_674981/qtzt/2030kcxfzyc_686343/t1331382. shtml。

香港和澳门由于城市发展的历史背景，不存在农村统计数据。统计口径的差异使得收入差距指标不具有可比性，只能放弃这一指标。

（2）选择来源可信度高的数据。

可信度是数据选取的重要标准。按照可信度强弱，将各种指标数据出处进行排序：公开出版的统计资料（《广东统计年鉴》、各城市统计年鉴、香港统计年刊、《澳门统计年鉴》），政府网站公布的统计数据（政府工作报告），新闻提及的统计数据。同时，在保证数据可信的前提下，数据选取也遵循出处一致原则，因为出处统一的数据在统计处理上标准更一致。

2. 测度指标处理原则

根据以上原则，我们搜集到了大多数直接可用的指标数据，但仍存在一些数据需要对其进一步处理才能应用。

（1）单位不统一数据处理。

在统计经济发展方面，香港、澳门和珠三角9个城市的货币单位不同。例如 GDP 总量、人均 GDP 等数据统计中，香港和澳门采用的货币单位为美元，珠三角9个城市采用的货币单位为人民币；出口总额、资本形成总额等数据统计中，香港和澳门采用的货币单位分别为港元和澳元，珠三角9个城市采用的货币单位为人民币。因此，为了保证数据的可比性和一致性，我们根据当年美元、港元、澳元和人民币的平均兑换率，统一将数据换成以人民币作为统一单位的指标数据。

类似的单位统一处理的指标还有单位 GDP 能耗等。

（2）统计口径不一致数据处理。

对个别统计口径不一致的数据指标处理，我们采用近似替代的方式，尽量减少因统计口径不一致带来的结果不精确。例如，在资源环境子系统中，我们选用绿地面积占城市面积的比重作为衡量城市森林资源的指标，其中，香港和澳门的统计数据以城市森林面积作为数据统计口径，而珠三角9个城市的绿地面积统计数据是以城市公园绿地面积作为数据统计口径，考虑到指标的重要性以及珠三角9个城市的现状（城市公园绿地占城市森林资源较大比重），因此，珠三角9个城市绿地面积数据采用城市公园绿地面积近似替代。

（3）对一些非可比数据的处理。

一些关于经济方面的指标，如 GDP 数据，珠三角9个城市的数据基本上都是现价统计，由于受到价格因素的影响，不同年份的数据会有不同程度的波动，使得这些统计数据缺乏纵向可比性，因此消除价格因素的影响非常重要。在处理

GDP 数据时，我们以 2005 年为基期，根据珠三角 9 个城市 2005—2015 年名义
GDP 数据除以 2005 年居民消费价格指数算得实际 GDP 数据。

四　小结

　　本章系统地分析归纳了国内外指标体系建立原则、指标选用原则。本报告秉
承系统科学性、简明可行性、动态引导性、可比性和针对性等原则构建了粤港澳
大湾区可持续发展指标体系。该指标体系包括经济、社会和资源环境 3 个子系
统，共 13 个二级指标和 26 个三级指标。测度指标选取遵循统计口径一致、数据
来源可信原则。可持续发展指标体系是区域可持续发展评估的重要组成部分，有
助于定量分析和评估粤港澳大湾区可持续发展进程。

排 行 榜

第六章　粤港澳大湾区可持续发展：
排名分析

　　粤港澳大湾区可持续发展指标体系是基于联合国 2030 年可持续发展议程提出的 17 项可持续发展目标，结合美国、新加坡、巴西政府提出的可持续发展愿景，考虑中国特殊国情，确定粤港澳大湾区可持续发展目标并拟定对应具体的可持续发展指标体系。将可持续发展指标体系中所有指标按总量指标、人均指标、增长率指标和比例指标进行分类，设置一级指标包括"经济、社会和资源环境"，在此基础上设置二级指标和三级指标，对粤港澳大湾区在经济竞争力、政府调控、产业结构、社会秩序、城市建设、法律监管、环境容量、资源承载力等方面进行排名分析。粤港澳大湾区城市可持续力发展状况数据来源于各城市统计局发布的统计年鉴等权威资料，如统计局的年报和半年报中披露的数据、《广东社会经济统计月报》和各地方政府网站公布的信息。指标涵盖城市发展的总量、结构和增长等不同维度，综合体现粤港澳大湾区 11 个城市的可持续力（见图 6—1、表 6—1）。

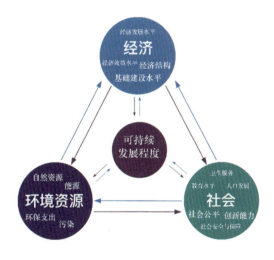

图 6—1　可持续发展指标体系

表 6—1　　　　　　　　　　　可持续发展具体指标及排名

一级指标	二级指标	三级指标	2014年排名	2015年排名
经济	经济发展水平	GDP总量	香港、广州、深圳	香港、广州、深圳
		人均GDP	澳门、香港、深圳	澳门、香港、深圳
		GDP增速	珠海、肇庆、惠州	珠海、深圳、惠州
	经济结构	第三产业增加值占比	珠海、惠州、肇兴	香港、澳门、广州
		资本形成总额占比	珠海、惠州、江门	珠海、惠州、肇庆/江门
		出口总额占比香	香港、深圳、东莞	香港、东莞、深圳
	经济效益水平	劳动生产率	澳门、香港、广州	澳门、香港、广州
	基础设施水平	道路长度	肇庆、惠州、江门	肇庆、惠州、江门
		人均道路长度	肇庆、惠州、江门	肇庆、惠州、江门
		每百名居民互联网宽带用户数	香港、澳门、肇庆	
社会	人口发展	人口自然增长率	珠海、深圳、澳门	珠海、深圳、广州
		老龄化率（由低到高）	中山、深圳、珠海	中山、深圳、珠海
	卫生服务	每千人口的医生数	珠海、广州、深圳	珠海、广州、澳门
		新生儿死亡率（由低到高）	珠海、惠州、肇庆	
	教育水平	教育开支占政府支出比重	中山、东莞、江门	东莞、江门、肇庆
		高校生占总人口比重	珠海、广州、澳门	珠海、广州、澳门
	社会安全与保障	社会保障开支占政府支出比重	澳门、江门、香港	澳门、江门、香港
		失业率（由低到高）	澳门、广州/中山/东莞/珠海/深圳	澳门、广州、中山/东莞/珠海
	创新能力	科研经费占GDP比重	深圳、珠海、佛山	深圳、珠海、佛山
		专利申请数	深圳、广州、佛山	深圳、广州、佛山
资源环境	自然资源	人均用水量（由低到高）	珠海、惠州、肇庆	
		绿地面积占总面积比重	肇庆、惠州、江门	肇庆、惠州、江门
	能源	人均耗电量（由低到高）	肇庆、江门、惠州	肇庆、江门、广州
	污染	可吸入颗粒物浓度（由低到高）	香港、珠海、深圳	香港、中山、深圳
	环保支出	节能环保占政府支出比重	深圳、香港、中山	香港、东莞、中山
		单位GDP能耗（由低到高）	澳门、深圳、珠海	澳门、深圳、珠海

一　经济类指标：指标说明及排名分析

（一）GDP 总量

1. 指标说明

国内生产总值（GDP）是指一个国家或地区在一定时期内（一个季度或一年）生产的所有最终产品和劳务的市场价值。国内生产总值有三种表现形态，即价值形态、收入形态和产品形态。从价值形态看，它是所有常住单位在一定时期内生产的全部货物和服务价值超过同期投入的全部非固定资产货物和服务价值的差额，即所有常住单位的增加值之和；从收入形态看，它是所有常住单位在一定时期内创造并分配给常住单位和非常住单位的初次收入之和；从产品形态看，它是所有常住单位在一定时期内最终使用的货物和服务价值减去货物和服务进口价值。GDP 指标能有效地反映地区的经济表现和市场规模，是衡量城市可持续力经济发展状况的重要指标（南方日报，2014）。[①]

GDP 核算有三种方法，即生产法、收入法、支出法，三种方法从不同的角度反映国民经济生产活动成果，理论上三种方法的核算结果相同。在中国实际统计中，一般以国民经济核算体系的支出法为基本方法，即以支出法计算国内生产总值。本报告 GDP 指标采用以 2005 年为基期的实际 GDP 数据，实际 GDP 指标扣除了物价对产出水平的影响，能更好地估计地区的产出水平变动，其中实际 GDP 数据分别来自《香港统计年刊》《澳门统计年鉴》及《广东统计年鉴》。

2. 图表及排名分析

与 2014 年相比，2015 年 GDP 总量指标排名的总体布局无太大波动，前三位地区的排名十分稳定，与 2014 年相比没有任何变化，依次为香港特别行政区、广州市和深圳市。澳门特别行政区以经济总量 2010 亿元位居粤港澳大湾区 11 个城市的第 8 位，排名相较 2014 年下降了两位（见图 6—2）。GDP 总量的指标是衡量地区经济发展状况的重要指标之一，可以一定程度上反映该地区经济表现。

香港特别行政区在 2015 年保持了第一位的位置，依旧是粤港澳大湾区 11 个城市中经济总量最大的地区。其优势在于用足国家给予的优惠，同时发挥好"一国"的优势和"两制"的优势。从 2013 年开始，香港就是全球第八大商品贸易经济体。2014 年 12 月签订《关于内地在广东与香港基本实现服务贸易自由化的协议》，基本实现粤港服务贸易自由化，与此同时，香港积极争取内地对香港进一步开放市场。

广州市 2015 年 GDP 总量的排名仅次于香港地区，作为珠三角经济总量的排头兵，在经济下行的压力下，仍能保持平稳较快的发展。从 2014 年到 2015 年，广州市着力发挥投资的关键作用，实现 2015 年总投资 5405.95 亿元。在开拓外需市场方面，广州市在南沙新区和南沙自贸试验区建设上，创新制度机制，推行

---

① 《珠三角竞争力 2014 年度报告》，《南方日报》2014 年，http://gz.southcn.com/g/node_ 314656. htm。

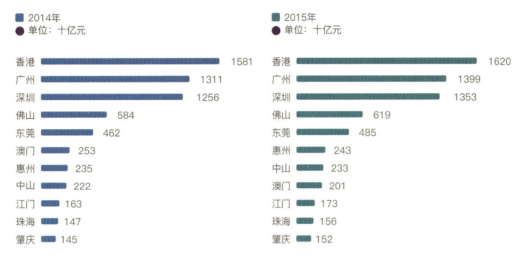

2014年 单位：十亿元		2015年 单位：十亿元	
香港	1581	香港	1620
广州	1311	广州	1399
深圳	1256	深圳	1353
佛山	584	佛山	619
东莞	462	东莞	485
澳门	253	惠州	243
惠州	235	中山	233
中山	222	澳门	201
江门	163	江门	173
珠海	147	珠海	156
肇庆	145	肇庆	152

图6—2　2014年、2015年粤港澳大湾区GDP总量排名

数据来源：《香港统计年刊》《澳门统计年鉴》《广东统计年鉴》。

"一口受理"新模式，实施负面清单管理，进一步推动穗港澳服务贸易自由化。除此之外，广州市大力推进产业结构调整，其第三产业的比重逐年增高。

深圳市2015年GDP总量的排名次于香港和广州，位于第三。从2014年到2015年，深圳市创新摆在与改革开放同等重要位置，积极构建综合创新生态体系，创新主引擎作用更加突出。根据2016年深圳市政府工作报告，2015年，深圳市研发投入占GDP比重4.05%，PCT国际专利申请1.33万件，占全国46.9%，获国家科学技术奖14项，中国专利金奖获奖数占全国1/5。[①] 高新技术产业的发展为深圳市经济发展提供了全新的视角和第一推动力。

（二）人均GDP

1. 指标说明

人均国内生产总值（Real GDP per capital）常作为发展经济学中衡量经济发展状况的指标，是重要的宏观经济指标之一，它是人们了解和把握一个国家或地区宏观经济运行状况的有效工具。将一个国家核算期内（通常是一年）实现的国内生产总值与这个国家的常住人口（或户籍人口）相比进行计算，得到人均国内生产总值，是衡量各国人民生活水平的一个标准（南方日报，2014）。[②] 相较于GDP，人均GDP不仅能反映地区的发展水平和发展程度，还能在一定程度上反映

---

① 深圳市政府工作报告，2016年，https：//wenku.baidu.com/view/09ffc7d176c66137ee0619ef.html。

② 《珠三角竞争力2014年度报告》，《南方日报》2014年，http：//gz.southcn.com/g/node_314656.htm。

该地区经济发展的公平性。

本指标以 2005 年为基期，用居民消费价格指数剔除了通货膨胀的影响，计算了 2014—2015 年的实际 GDP 总量，除以对应年度的各城市常住人口，最终算出人均 GDP，其中实际 GDP 数据分别来自《香港统计年刊》《澳门统计年鉴》及《广东统计年鉴》。

2. 图表及排名分析

与 2014 年相比，2015 年人均 GDP 指标排名均无变化，排在前三位的地区分别为澳门特别行政区、香港特别行政区和深圳市（见图 6—3）。人均 GDP 指标是从社会公平的角度剖析地区经济发展状况的重要指标之一，分析该指标有助于我们从更加客观的角度看待一个地区的经济发展程度。

图 6—3　2014 年、2015 年粤港澳大湾区人均 GDP 排名

数据来源：《香港统计年刊》《澳门统计年鉴》《广东统计年鉴》。

值得注意的是，在 GDP 总量处于下滑阶段的澳门特别行政区，却在人均 GDP 指标上极大地领先于香港和深圳。其原因在于，澳门经济经过 10 多年的高速发展，在内外因素变动的影响下，2014 年下半年博彩业开始进入调整巩固期。虽然其支柱行业——博彩业收益出现了一定程度的下降，但对于一个人口只有 60 万的小城，其经济基本面依然维持在很高的程度，因此，其在人均 GDP 指标上依然表现良好。

香港特别行政区在人均 GDP 方面仅次于澳门地区，并领先于珠三角 9 个城市。虽然近些年来全球经济表现不佳，但香港作为开放度较高的经济体，其经济一直保持温和增长，且失业率极低。香港政府一直以来大力推动金融业、航运及物流业、贸易及专业服务、旅游业向高增值方向发展，不断提升竞争力并改善经营环境，促进传统产业转型升级，壮大新兴产业。与此同时，香港作为国家的"超级联系人"，积极配合国家"一带一路"战略，继续扮演着集资融资平台、商贸物流平台、专业及基础设施服务平台的角色（香港政府施政报告，2016）。[1]

深圳市 2015 年人均 GDP 继续保持在第三的水平。深圳作为一个"年轻"的城市，在市场化改革方面敢闯敢试、先行先试，一直奋斗在国家改革的前沿阵地。在 2014 年年初提出"湾区经济"以来，深圳市政府又着力发展湾区经济，使深圳以新的经济形态，达到经济全面提质增效升级。

（三）GDP 增速

1. 指标说明

GDP 增速是指 GDP 的年度增长率，是反映国家或地区一定时期内经济发展水平变化程度的基本指标。GDP 增速的大小意味着经济增长的快慢，同时也意味着人民生活水平提高所需的时间长短，是衡量一个国家或地区经济发展是否具有活力的重要指标（闽南网，2017）。[2]

一般来说，经济增长率的计算方法有两种，分别为年度经济增长率和年均经济增长率。其中，年均经济增长率衡量的是若干年来经济的平均变化情况，计算较为复杂，不能很好地反映地区经济的动态变化情况；年度经济增长率衡量的是两年之间经济的变化情况，计算比较简单，即后一年的经济指标（GDP）减去前一年的经济指标再除以前一年的经济指标，能较好地反映地区经济的动态变化。因此本报告选用年度经济增长率核算地区的经济增速情况，其中 GDP 数据分别来自《香港统计年刊》《澳门统计年鉴》及《广东统计年鉴》。

2. 图表及排名分析

从 2014 年、2015 年 GDP 增速数据来看，珠三角 9 个市均保持较快的增长，GDP 增速均超过 7%；香港近两年经济增长较为平稳，基本稳定在 2%—3%；在外部需求持续低迷、全球经济下行等因素的影响下，以博彩业为支柱产业的澳门经济发展遇到了较大的挑战，2014 年、2015 年澳门 GDP 增速分别呈现 -0.9% 和 -20.4% 的负增长（见图 6—4）。

---

① 香港政府施政报告，2016 年，http：//www.policyaddress.gov.hk/2016/。

② 《2016 年中国各省市 GDP 数据排名及增速》，闽南网，2017 年，http：//www.mnw.cn/news/china/1105057.html。

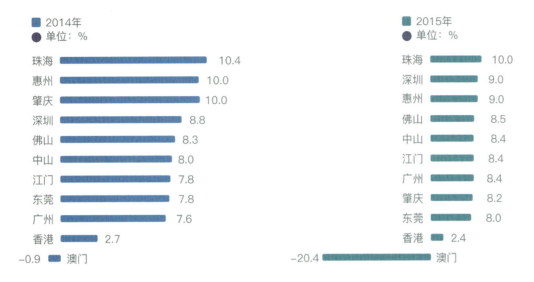

2014年 单位：%		2015年 单位：%	
珠海	10.4	珠海	10.0
惠州	10.0	深圳	9.0
肇庆	10.0	惠州	9.0
深圳	8.8	佛山	8.5
佛山	8.3	中山	8.4
中山	8.0	江门	8.4
江门	7.8	广州	8.4
东莞	7.8	肇庆	8.2
广州	7.6	东莞	8.0
香港	2.7	香港	2.4
澳门	-0.9	澳门	-20.4

图6—4　2014年、2015年粤港澳大湾区GDP增速排名

数据来源：《香港统计年刊》《澳门统计年鉴》《广东统计年鉴》。

与2014年相比，2015年GDP增速指标排名的总体布局波动较大，2014年GDP增速排名的前三名依次为珠海、肇庆、惠州，2015年GDP增速排名的前三名依次为珠海、深圳、惠州。其中，珠海连续两年以两位数的较快增速位居粤港澳大湾区11个城市榜首，深圳以9%的GDP增速跃居第二位，排名较2014年上升了两位，而肇庆以8.2%的GDP增速跌至第八位，排名较2014年下降了六位。

珠海以10%的GDP增长率位居粤港澳大湾区11个城市榜首。珠海自2013年提出"三高一特"产业发展定位（以高科技含量、高附加值、低能耗、低污染的产业群为核心，建立主要包括高端制造业、高科技产业、高端服务业、特殊海洋经济和生态农业的新型产业体系），为珠海市经济提速提质发展注入强大动力。2015年高新技术产品产值占规模以上工业总产值比重提升到55%，现代服务业增加值占服务业比重提升到57.6%，均居全省前列（珠海市政府工作报告，2016）。[①]

深圳2015年GDP增速达9%，GDP增速排名仅次于珠海。科技创新引导新兴产业是深圳经济发展的重要一环。2014年11月，《深圳国家自主创新示范区空间布局规划（2015—2020年）》正式出台，深入推进国家战略性新兴产业发展。与2010年相比，深圳2015年战略性新兴产业规模由8750亿元增加到2.3万亿元。2015年，深圳政府积极制定并实施"互联网＋"和"中国制造2025"

---

① 珠海市政府工作报告，2016年，http://district.ce.cn/newarea/roll/201602/05/t20160205_8780080.shtml。

47

等计划，支持产业升级项目达 2350 个，为深圳经济带来全新活力（深圳市政府工作报告，2016）。①

惠州 2015 年 GDP 增速达 9%，GDP 增速排名与深圳并列第二。2015 年惠州经济发展势头迅猛，产业结构调整取得了积极进展，服务业在国内生产总值的比重上升到 50.5%，大众创新蓬勃发展，全年新登记注册企业增长 21.6%，平均每天新增 1.2 万户，有力拉动惠州就业与产业升级。同时，政府积极调整出口退税负担机制，外商投资限制性条目减少将近一半，有效提高了贸易便利化水平，2015 年惠州实际使用外资 1263 亿美元，增长 6.6%（惠州市政府工作报告，2016）。②

（四）第三产业占 GDP 比重

1. 指标说明

产业结构指经济体中各产业的构成及各产业之间的联系和比例关系。各产业部门的构成及相互之间的联系、比例关系不尽相同，对经济增长的贡献大小也不同。从一定意义上来说，经济增长是通过经济结构的调整和转化而实现的，经济结构的核心是产业结构。高层次的产业结构不仅意味着较高的经济发展水平，而且也意味着较强的可持续发展能力（南方日报，2014）。③

第三产业是国民经济的重要组成部分，是连接生产和消费的桥梁，也是衡量一个地区现代化程度的重要标志。第三产业以其各种服务功能促进人流、物流、信息流、资金流的畅通，在提高人民生活水平、促进市场经济发育、提高国民经济整体效益和效率方面有着极其重要的作用。第三产业是引导和扩大需求的一条重要途径，也是国家扶植和鼓励的重点领域。如何加快第三产业的发展，成为优化经济结构、转变经济增长方式、实现可持续发展所必须面对的一个重要问题。将一个国家或地区核算期内实现的第三产业增加值与国内生产总值相比计算，得到第三产业增加值占 GDP 比重作为产业结构优化指标的衡量标准。其中，第三产业增加值数据均来自《香港统计年刊》《澳门统计年鉴》及《广东统计年鉴》。

2. 图表及排名分析

从 2014 年、2015 年两年第三产业占 GDP 比重排名图来看（见图 6—5），第三产业占 GDP 比重指标排名的总体布局波动不大，其中香港与澳门特别行政区

---

① 深圳市政府工作报告，2016 年，https：//wenku. baidu. com/view/09ffc7d176c66137ee0619ef. html。
② 惠州市政府工作报告，2016 年，http：//www. 01hn. com/geleibaogao/315500. html。
③《珠三角竞争力 2014 年度报告》，《南方日报》2014 年，http：//gz. southcn. com/g/node_ 314656. htm。

经济以服务业为主导,其第三产业占 GDP 的比重均较高;珠三角 9 个城市第三产业占 GDP 比重指标与香港、澳门仍有一定差距,仍需继续推进城市产业结构优化与升级,但与 2014 年相比,2015 年珠三角 9 个城市第三产业占 GDP 比重均有一定提升。

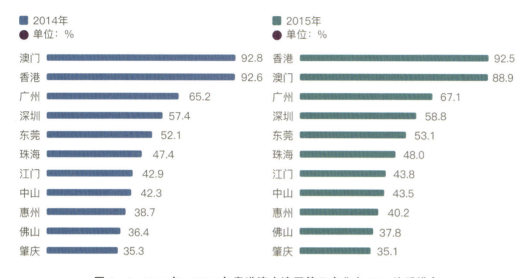

图6—5 2014 年、2015 年粤港澳大湾区第三产业占 GDP 比重排名

数据来源:《香港统计年刊》《澳门统计年鉴》《广东统计年鉴》。

香港特别行政区 2015 年第三产业占 GDP 比重达 92.5%,位居粤港澳大湾区 11 个城市榜首。香港作为典型的以服务业为主导的经济体,其"大市场,小政府"的管制理念、公正透明的经济政策与营商环境、完善的法律法规和服务配套体系为香港营造了良好的现代服务业发展环境。近年来,香港服务业依托"一国两制"的优势发展迅速,2014 年,香港与广东签订《关于内地在广东与香港基本实现服务贸易自由化的协议》,进一步给了香港优先进入内地市场的机会,使香港专业服务业发展迅速;"一带一路"倡议的提出也给香港服务业带来了巨大商机,东盟等国作为香港的服务输出地占到 2014 年服务输出总额 8% 左右。

澳门特别行政区 2015 年第三产业比重占 GDP 比重仅次于香港地区,位居第二。澳门是服务型经济体,其经济发展取决于服务业的发展状况,服务业是澳门经济的命脉。受国际经济环境低迷及博彩、博彩中介业大幅调整影响,2015 年前 10 个月的博彩业增加值毛收入同比下降了 35.5%。在面对外部需求持续低迷、全球经济下行风险依然存在的情况下,澳门政府积极推动产业结构调整,加快推进"一个中心,一个平台"的建设,抓住内地自贸实验区建设的契机,提升特区的经济发展实力和对外开放中的功能与地位，增加澳门未来经济发展新动力。

广州市2015年第三产业占GDP比重为67.1%，排名仅次于香港和澳门，位于第三。近年来，广州产业发展重心向第三产业转移，以服务经济为主体的产业结构基本框架初步建立，服务业比重持续提高，高技术产业、战略性新兴产业和新业态加速壮大。2013年年底，广州市委常委会审议并通过了《广州市加快推进十大重点产业发展行动方案》，通过横向比较产业集群优势、纵向比较产业链条延伸，确定了十大重点发展产业。2014年5月，广州市发改委公布《关于进一步加快产业转型升级，抢占经济制高点的指导意见》，针对总部经济、科技、金融三个短板，提出针对性的对策措施，提出打造轨道交通、航海航空、卫星导航、3D打印等新增长点，加快形成新的更高水平的生产力。

(五) 资本形成总额占 GDP 比重

1. 指标说明

根据世界银行的定义，资本形成总额（以前称为国内投资总额）由新增固定资产支出加上库存的净变动值构成。其中，固定资产包括土地改良（围栏、水渠、排水沟等）；厂房、机器和设备的购置；建设公路、铁路以及学校、办公室、医院、私人住宅和工商业建筑等。库存是企业为应付生产或销售的临时需要或意外波动而贮存的货物以及在制品（世界银行指标说明，2017）。①

本报告采用的资本形成总额占GDP比重指标是将一个地区核算期内的资本形成总额与国内生产总值相比进行计算，衡量投资在地区经济发展中的比重。尽管该指标存在一定的局限性，但仍能一定程度上反映地区经济增长模式与经济结构。资本形成总额占GDP比重越大，说明地区的经济增长越多靠投资拉动经济增长，在经济发展初期，投资比例增大能快速拉动经济增长，但从长远来看，过度依赖投资拉动经济增长是不可持续的，因此该指标对地区经济可持续发展有重要意义。

其中，资本形成总额数据与GDP总量数据均来自《香港统计年刊》《澳门统计年鉴》《广东统计年鉴》以及世界银行统计数据。

2. 图表及排名分析

与2014年相比，2015年资本形成总额占GDP比重排名的总体布局无太大波动，前三位地区的排名较为稳定，2014年排名前三的分别为珠海、惠州、江门，

---

① 世界银行指标说明，2017年，http://data.worldbank.org.cn/indicator/NE.GDI.TOTL.ZS? view = chart。

2015 年排名前三的分别为珠海、惠州、肇庆及江门。其中，连续两年排名第一的珠海市资本形成总额占 GDP 比重年际变化较大，2014 年资本形成总额占 GDP 比重为 70.5%，2015 年资本形成总额占 GDP 比重升至 86.8%；其他城市资本形成总额占 GDP 比重较为稳定，无太大波动（见图 6—6）。

图 6—6　2014 年、2015 年粤港澳大湾区资本形成总额占 GDP 比重排名

数据来源：《香港统计年刊》《澳门统计年鉴》《广东统计年鉴》。

珠海市在 2015 年依旧保持了第一位的位置。根据珠海市 2016 年政府工作报告，近年来，珠海市积极顺应全球产业发展新态势，积极投资建设"三高一特"现代产业体系，促成三一海洋重工等 18 个重点项目投产、新兴重工应急救援装备产业园等 13 个重大项目开工、福陆海工等 28 个项目签约落户，完成装备制造业投资 128 亿元。启动工业企业转型升级和技术改造三年行动计划，完成技改投资 89.6 亿元，增长超过 50%，积极推动珠海市经济产业结构升级。同时，政府积极推动横琴自贸试验区建设，在外商投资管理、商事制度等领域实行 118 项创新举措，在港澳服务业方面积极落实扩大开放措施等。[①]一系列积极吸引投资的举措为珠海市经济社会发展带来了活力。

惠州市在 2015 年投资占 GDP 比重排名中位列第二。根据惠州市政府工作报告，面对持续加大的经济下行压力，惠州市充分发挥项目带动效应，5 年来，实施重点项目 455 宗，建成投产 220 宗；2015 年，固定资产投资 1863.9 亿元，增长 16%。5 年来，成功举办 4 场惠州产品海外展览会、8 场国内展销会、4 届云博会、3 届中国

①　珠海市政府工作报告，2016 年，http：//district.ce.cn/newarea/roll/201602/05/t20160205_ 8780080. shtml。

手机创新周活动，累计签订销售贸易合同2238.9亿元。惠州市积极加快平台构建，环大亚湾新区上升为省重大区域发展平台，三大起步区35宗重点项目完成投资258亿元。同时，惠州市大力投资基础设施建设，新增厦深高铁、惠州机场等基础设施，新增高速公路208公里，通车总里程达587公里，居全省第三；新增5万吨深水泊位2个，变电站规模达139座，为惠州市经济发展提供了便利。①

肇庆市在2015年投资占GDP比重排名中与江门并列排第三。根据肇庆市政府工作报告所示，肇庆市作为连接所有珠三角城市通往大西南地区的枢纽站，其门户地位吸引了众多投资，2015年成功举办"肇庆金秋"、汽配产业、环保产业等多场招商会，全年实际吸引外资13.9亿，增长4.6%，比全省平均水平高4.6个百分点。同时，肇庆平台园区开始实现扩能增效，新引进众多项目，投资总额有了显著提升。②

江门市2015年投资占GDP比重为46%，与肇庆市并列第三。2015年江门市大力投资建设交通，建成广珠铁路、江顺大桥等一批基础设施，同时，江门市加快建设了深茂铁路和高新区码头，完成了珠西综合交通枢纽初步规划定位。江门市工业技改投资连续两年增长超过100%，增幅排在全省前列，投资建设4个省市共建的战略性新兴产业基地，积极拉动该市经济发展与产业升级。

（六）出口总额占GDP比重

1. 指标说明

出口总额占GDP比重是指一定时期内一国（地区）向国外出口的商品的全部价值占该国（地区）国内生产总值的比例，其值即等于出口商品的总价值除以国内生产总值的商。出口总额占GDP的比重是国际经济学中衡量一个地区国际贸易规模的重要指标，同时国际贸易规模也是衡量地区开放经济的标志。

我们计算了2014—2015年剔除通货膨胀因素的出口总额和实际GDP，并将它们相除，得到出口总额在GDP的占比。计算数据均来自《香港统计年刊》《澳门统计年鉴》及《广东统计年鉴》。

2. 图表及排名分析

从图6—7可知，2015年出口总额占GDP比重排名总体布局较稳定，与2014年相比没有太大变化。其中，排在前三位的地区分别为香港特别行政区、东莞市

---

① 惠州市政府工作报告，2016年，http：//www.01hn.com/geleibaogao/315500.html。
② 肇庆市政府工作报告，2016年，http：//www.zhaoqing.gov.cn/xxgk/zfgzbg/xsq_14051/201604/t20160428_381045.html。

和深圳市。对比 2014 年，东莞市 2015 年以出口总额占 GDP 比重 101.2% 上升了一位，从原来的第三位上升到第二位。出口总额占 GDP 比重作为国际贸易重要衡量指标，是反映地区开放程度的重要标准之一。

图 6—7　2014 年、2015 年粤港澳大湾区出口总额占 GDP 比重排名

数据来源：《香港统计年刊》《澳门统计年鉴》《广东统计年鉴》。

在该指标排名第一的香港作为开放程度极高的国际性转口贸易港，在 2013 年被评为全球第 8 大贸易经济体，与美国纽约、英国伦敦并称"纽伦港"，在世界享有较高声誉。就业与进出口贸易及批发机构的人数约 50 万人，是香港雇佣从业人员最多的行业。在香港的贸易总额中，香港与内地的整体贸易额占比高达 50%。同时在 2014 年 12 月中央政府宣布继上海自由贸易试验区之后，增设 3 个试验区，其中广东自由贸易试验区覆盖南沙、前海和横琴 3 个新区，有利于香港进一步发挥自身地理优势，加大与内地的开放度，促进粤港深度合作。

东莞市是广东重要的交通枢纽和外贸口岸之一，在出口总额占 GDP 比重指标统计上排名第二，仅次于香港。东莞作为广东省具有开放型经济特点的城市，在 2014—2015 年，成功举办海博会等大型展会，开辟了广东及东莞与沿线国家交流合作的重要平台。同时，东莞市实施加工贸易增效计划，出台稳定外贸增长 37 条措施。在 2014 年年内，全市进出口总额 1625.3 亿美元，增长 6.2%，增速在全国外贸总额前五名城市中排第一位，发展后劲进一步增强。

深圳市 2015 年在出口总额占 GDP 比重指标统计上排名第三，与第二名的东莞市不相上下。十二五规划以来，深圳对外开放程度日益增大。广东自贸区前海蛇口片区挂牌，粤港澳大湾区纳入国家"一带一路"愿景与行动，制定实施发展湾区经济、建设海上丝绸之路桥头堡规划，使得深圳进一步发展成为国际化都市。

(七) 劳动生产率

1. 指标说明

劳动生产率是指劳动者在一定时期内创造的劳动成果及与其相适应的劳动消耗量的比值。劳动生产率水平可以用同一劳动在单位时间内生产某种产品的数量来表示，单位时间内生产的产品数量越多，劳动生产率就越高；也可以用生产单位产品所耗费的劳动时间来表示，生产单位产品所需要的劳动时间越少，劳动生产率就越高。劳动生产率是考核一定时期内某地区生产活动效益情况的重要指标（21世纪经济报道，2016）。[①]

本报告以一年为一个计算周期，计算2014—2015年实际GDP与常住人口的商，并将此作为该地区劳动生产率的代表。计算数据均来自《香港统计年刊》《澳门统计年鉴》和《广东统计年鉴》。

2. 图表及排名分析

同2014年粤港澳大湾区劳动生产率排名相比，2015年劳动生产率的排名没有变化，排名占据前三位的依然是澳门、香港和广州。众所周知，劳动生产率是衡量地区生产效率的指标，对该指标进行分析将帮助我们从效率的角度看待地区的经济发展状况（见图6—8）。

图6—8　2014年、2015年粤港澳大湾区劳动生产率排名

数据来源：《香港统计年刊》《澳门统计年鉴》《广东统计年鉴》。

[①] 21世纪经济报道，2016年，http：//epaper.21jingji.com/html/2016-09/20/content_46998.htm。

虽然 2015 年澳门的劳动生产率有一定程度的下降，但依然排在 11 个城市的第一位。以博彩业为支柱行业的澳门，经济结构主要由第三产业构成，因此，其劳动生产率显著高于其他城市。但随着近些年博彩业进入调整稳固期，澳门整体经济态势呈现了负增长的局面，使得劳动生产率出现了一定程度的下降。但 2015 年以来，澳门政府将"促进经济适度多元化"作为施政主要目标之一，大力扶植文化创意、中医药等产业，因此，在不远的将来，澳门经济亦有极大的可能维持良好的增长。

对于 2015 年度劳动生产率，香港特别行政区的排名仅次于澳门，位列第二，同时相较于 2014 年，其劳动增长率有近 1.5% 的增长。从 2014 年以来，香港就大力推动第三产业向高增值方向发展，截止到 2015 年，服务业占香港本地生产总值超过 90%，成为香港经济极重要的组成部分。香港第三产业占比的持续提高，是影响香港地区的经济效益水平提高的重要因素。

广州市 2015 年在劳动生产率方面继续保持在第三的水平，相较于 2014 年，其增长率高达 3.24%。2014 年起，广州市政府致力于加快进行结构化改革，截止到 2015 年，广州市结构调整取得了阶段性的成果，其三次产业比重为 1.42：33.56：65.02。服务业比重持续提高，高技术产业、战略性新兴产业和新业态加速壮大。随着服务业比重的增高，其经济发展效益水平也会随之提高。

（八）道路长度（人均道路长度）

1. 指标说明

道路长度是指在一定时期内实际达到《公路工程技术标准 JTJ01－88》规定的等级公路，并经公路主管部门正式验收交付使用的公路里程数（公路养护统计指标及计算方法的规定，1992）。[①] 包括大中城市的郊区公路以及通过小城镇街道部分的公路里程和桥梁、渡口的长度，不包括大中城市的街道、厂矿、林区生产用道和农业生产用道的里程。该指标可以反映公路建设的发展规模，也可反映地区基础设施水平。而人均道路长度是地区内道路长度与该地区常住人口数的商，从社会公平的角度评估该地区基础社会水平。

本报告以一年为一个计算周期，计算 2014—2015 年的道路长度及其与常住

---

① 公路养护统计指标及计算方法的规定，1992 年，https：//wenku. baidu. com/view/ c7cb1820482fb4 daa58d4b91. html。

人口的商，即人均道路长度。计算数据均来自《香港统计年刊》《澳门统计年鉴》《广东统计年鉴》。

2. 图表及排名分析

2015年粤港澳大湾区道路长度和人均道路长度总体排名布局无太大变化，占据该指标排名前三名的城市分别为肇庆、惠州和江门。道路长度和人均道路长度分别能从总量和社会公平两个不同的视角反映一地区基础设施建设情况。

如图6—9、图6—10所示，2015年度肇庆市道路长度和人均道路长度指标值领先于粤港澳大湾区11个城市，排在第一位。分析其原因，从2014年到2015年，肇庆市政府坚持全面推进县（市）"多规合一"，编制新型城镇化规划实施意见和县（市）全域城乡建设规划。与此同时，随着阅江大桥、国道城市化改造等城际交通项目和江滨堤路、建设二路等城市路网改造工程的启动，肇庆市也在稳步推进中心城区区划调整。因此，其在公路交通基础设施方面相较于其他城市更为靠前。

图6—9 2014年、2015年粤港澳大湾区道路长度排名

数据来源：《香港统计年刊》《澳门统计年鉴》《广东统计年鉴》。

相较于2014年道路长度与人均道路长度的表现，惠州市2015年在该指标的排名上保持了第二位的水平，其人均道路长度增长近6.35%。在2015年年度内，惠州市有序推进城乡建设，完善城市总体规划，并进一步改善交通基础设施的建设。在2014年惠州市就有7条在建高速公路加快推进，惠州海湾大桥（广惠高速东延线）即将通车。除此之外，惠州市完成省道242线、356线水毁修复工程，完成省道路面改造183公里、县道改造31.5公里。2015年惠州市完成省道

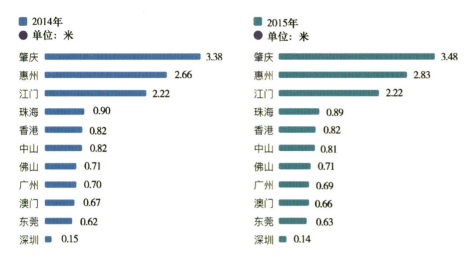

2014年 单位：米		2015年 单位：米	
肇庆	3.38	肇庆	3.48
惠州	2.66	惠州	2.83
江门	2.22	江门	2.22
珠海	0.90	珠海	0.89
香港	0.82	香港	0.82
中山	0.82	中山	0.81
佛山	0.71	佛山	0.71
广州	0.70	广州	0.69
澳门	0.67	澳门	0.66
东莞	0.62	东莞	0.63
深圳	0.15	深圳	0.14

图6—10 2014年、2015年粤港澳大湾区人均道路长度排名

数据来源：《香港统计年刊》《澳门统计年鉴》《广东统计年鉴》。

路面改造120公里、县道改造30公里、新农村公路建设503公里。随着惠州市城乡建设的有序推进，其基础设施也将日益完善。

江门市在2015年道路长度和人均道路长度指标排名方面保持在第三的水平。2014年起，江门市政府一直坚持以"种树、搭桥修路、抓大项目"为抓手统领全局工作。在2014年年度内，江门市完成了314公里农村公路的建设，建成了李文达大桥、大鳌特大桥和迎宾路立交等一批路桥。2015年，江门市依旧将基础设施建设列为政府工作重点，因此，江门市在该指标的表现上一直良好。

（九）每百名居民互联网宽带用户数

1. 指标说明

宽带是信息时代的基础设施，宽带网络为人类构建出不同于物质空间、社会空间的信息空间，是信息社会经济发展的主要基础设施和战略资源。世界银行研究表明：发展宽带不仅能直接带动GDP增长，还能拉动出口、促进就业、改造传统产业、推动经济的转型与升级，是未来经济可持续发展的重要驱动力。

本报告采用每百名居民互联网宽带用户数衡量地区的居民互联网宽带普及率，通过该指标反映地区宽带等电信基础设施建设情况，其数据均来自《香港统计年刊》《澳门统计年鉴》和《广东统计年鉴》。鉴于2015年珠三角9个市的相关数据缺失，本报告仅对2014年数据做了具体分析。

2. 图表及排名分析

从图6—11可以看出，香港特别行政区的居民宽带互联网普及率最高，达

79.9%，澳门特别行政区以 69.8% 的宽带普及率位居第二，肇庆市位居第三。澳门及珠三角 9 个城市在宽带普及率上均与香港有一定的差距，特别是珠三角 9 个城市，其居民宽带普及率普遍偏低，存在很大的改善和提升空间。

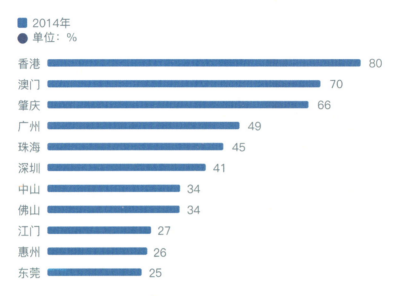

图 6—11   2014 年粤港澳大湾区每百名居民互联网宽带用户排名

数据来源：《香港统计年刊》《澳门统计年鉴》《广东统计年鉴》，2015 年统计数据缺失。

香港特别行政区在发展电信网络服务和基建方面一直居于全球领先水平。香港发达的 IT 基础架构和城区较快的上网速度对提高上网率有着积极的影响。在香港，宽带网络几乎覆盖了所有的商业和住宅楼。据德国研究机构捷孚凯发布的数据表明，截止到 2014 年 8 月，香港家庭宽带的渗透率达 82.8%，手机普及率达 237.3%，为全球最高。据 2016 年香港官方发布的数据显示，香港目前拥有 9 个海底光缆系统、17 个陆上光缆系统和 9 颗卫星提供通信服务，是一座名副其实的"互联网中枢"城市。香港蓬勃发展的电信业给香港经济发展带来了巨大的活力。

澳门特别行政区 2014 年的每百名居民互联网宽带用户率为 69.8%，排名第二。根据联合国宽带委员会编制的 2015 年版《宽带状况报告》显示，中国澳门每百人中就有 322 个活跃移动宽带用户，是全球活跃宽带用户第一名。[①] 但就居民宽带互联网普及率来看，澳门与排名第一的香港仍有一定差距，其在电信网络服务与基建方面仍有提升空间，2014 年数据表明，澳门电信光纤网络已百分百覆

① 《联合国宽带委员会发布〈2015 年宽带状况〉报告》，人民网，2015 年，http：//www.cac.gov.cn/2015-09/22/c_ 1116642893.htm。

盖澳门各区,光纤到楼(FTTB)覆盖率超过84%,低层住宅楼宇全面光纤覆盖率预计由2014年的20%增加至2015年的60%。澳门电信业的发达将给澳门未来经济带来巨大潜力。

肇庆市以66.4%的居民宽带普及率排名第三。近年来,肇庆市加快智慧城市建设,宽带是"智慧城市"的基础,2014年数据显示,其城市互联网普及率达62.4%,光纤覆盖95%以上城市小区以及全部行政村,电信网络及基建服务位于珠三角9个城市前列。随着《宽带广东发展规划(2014—2020年)》的提出,广东省有望在宽带等电信网络基建与服务方面有很大的提升。[①]

二 社会类指标:指标说明及排名分析

(一)人口自然增长率

1.指标说明

人口自然增长率是反映人口发展速度和制订人口计划的重要指标,也是计划生育系统中的一个重要指标,它表明人口自然增长的程度和趋势。人口自然增长率的合理控制是缓解人口与环境冲突、实现人与自然和谐发展的有效途径,是保证国家或地区可持续发展的重要前提。

人口自然增长率是指在一定时期内(通常为一年)人口自然增加数(出生人数减死亡人数)与该时期内平均人数之比,一般用千分率表示。本报告采用通用方法核算该指标,计算公式为人口自然增长率=(年内出生人数–年内死亡人数)/年平均人数×1000‰。其中,数据均来自《香港统计年刊》《澳门统计年鉴》和《广东统计年鉴》。

2.图表及排名分析

从2014年、2015年人口自然增长率数据来看,珠海、深圳、广州和澳门的人口自然增长率远高于国家"十二五规划"制定的将人口自然增长率控制在7.4‰的目标,中山、佛山、肇庆、东莞、惠州、江门的人口自然增长率也都高于2015年全国5.86‰的人口自然增长率,这表明珠三角地区计生工作面临的形势依然严峻,问题和困难较多,工作难度较大,仍需适时调整和完善计划生育政策,推动广东人口与资源、环境的协调和可持续发展(见图6—12)。

---

① 广东省人民政府:《宽带广东发展规划(2014—2020年)》,2014年,http://zwgk.gd.gov.cn/006939748/201407/t20140708_536822.html。

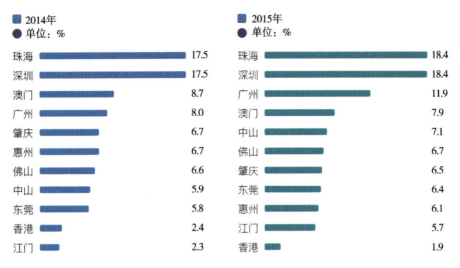

2014年 单位：%		2015年 单位：%	
珠海	17.5	珠海	18.4
深圳	17.5	深圳	18.4
澳门	8.7	广州	11.9
广州	8.0	澳门	7.9
肇庆	6.7	中山	7.1
惠州	6.7	佛山	6.7
佛山	6.6	肇庆	6.5
中山	5.9	东莞	6.4
东莞	5.8	惠州	6.1
香港	2.4	江门	5.7
江门	2.3	香港	1.9

图 6—12　2014 年、2015 年粤港澳大湾区人口自然增长率排名

数据来源：《香港统计年刊》《澳门统计年鉴》《广东统计年鉴》。

在粤港澳大湾区人口自然增长率排名中，珠海市连续两年排在第一位。2015年珠海市全国 1% 人口抽样调查公报显示，珠海市 2015 年末全市常住总人口为163.41 万人，与 2010 年第六次全国人口普查的总人口相比增长 4.74%，全市常住人口中，0—14 岁人口为 24.27 万人，占 14.85%；15—64 岁人口为 128.28 万人，占 78.50%；65 岁及以上人口为 10.86 万人，占 6.65%。近年来，珠海市出生人口性别比呈下降趋势，由 2010 年第六次全国人口普查的 108.67 微降为108.32，但仍偏离 103—107 的正常值范围。

在人口自然增长率排名中，深圳市与珠海市并列第一，人口自然增长率达18.4%。2015 年深圳市全国 1% 人口抽样调查公报显示，深圳市 2015 年末全市常住总人口为 1137.89 万人，与 2010 年相比增长 9.85%，年平均增长率为1.90%；全市常住人口中，0—14 岁人口为 152.53 万人，占 13.40%；15—64 岁人口为 946.99 万人，占 83.23%；65 岁及以上人口为 38.37 万人，占 3.37%。深圳市的人口年龄结构呈稳定型，人口增长较为稳定。总人口性别比由 2010 年第六次全国人口普查的 118.31 下降为 115.56，性别比例仍严重偏离正常范围。

广州市以 11.9% 的人口自然增长率排名第三位，与 2014 年相比，排名上升了一位。2015 年广州市全国 1% 人口抽样调查公报显示，深圳市 2015 年末全市常住总人口为 1350.11 万人，与 2010 年相比，5 年间共增加 80.03 万人，增长6.3%。全市常住人口中，0—14 岁人口为 175.27 万人，占 12.98%；15—64 岁人口为 1068.22 万人，占 79.12%；65 岁及以上人口为 106.62 万人，占 7.90%，相比深圳市，广州市的人口结构老龄化程度较高。全市总人口性别比为 105.08。

（二）老龄化率

1. 指标说明

人口老龄化是指总人口中因年轻人口数量减少、年长人口数量增加而导致的老年人口比例相应增长的动态。一般包含两个含义：一是指老年人口相对增多，在总人口中所占比例不断上升的过程；二是指社会人口结构呈现老年状态，进入老龄化社会。国际上通常认为，当一个国家或地区 60 岁以上老年人口占人口总数的 10%，或 65 岁以上老年人口占人口总数的 7%，即意味着这个国家或地区的人口处于老龄化社会。老龄化率的大小不仅能够反映老年人口的比重，也能够反映地区政府、社会的财政负担压力，是衡量地区社会结构、人口发展、经济活力的常用指标。

本报告以一年为一个计算周期，选用 60 岁以上老年人口数与人口总数相比进行计算，得到老龄化率。计算数据均来自《香港统计年刊》《澳门统计年鉴》《广东统计年鉴》以及中国民政统计年鉴。

2. 图表及排名分析

2015 年人口老龄化率指标总体排名布局如图 6—13，占据前三名的分别是中山、深圳、珠海。从人类文明进步的角度来看，人类预期寿命的不断延长是人类社会文明进步的重要标志，但人口老龄化对经济社会负担的增加，以及对经济社会带来的潜在危机不容小视。满足数量庞大的老年群众多方面需求、妥善解决人口老龄化带来的社会问题，是促进城市可持续发展、提升百姓福祉的重要举措。

从图 6—13 中可以看出，中山市以 5.5% 的老龄化率位居粤港澳大湾区 11 个城市榜首，城市老龄化程度最低。依据 2016 年中山市政府工作报告，近年来，中山市积极应对城市老龄化问题。政府财政民生支出逐年增长，平均占财政支出比重超过 68%。截止到 2015 年，中山市建成居家养老服务中心 29 个，发放高龄老人津贴 7000 多万元。积极实施大病医疗保险和困难居民重特大疾病医疗救助制度，蝉联国家卫生城市，建成国家级卫生镇 15 个，居民人均预期寿命 78.8 岁。[①]中山市积极应对城市老龄化问题是促进中山市经济社会良好发展的有效举措。

深圳市在 2015 年老龄化指标中排名第二，城市老龄化程度较低。依据深圳

---

① 中山市政府工作报告，2016 年，http：//district. ce. cn/newarea/roll/201602/01/t20160201_ 8675770. shtml。

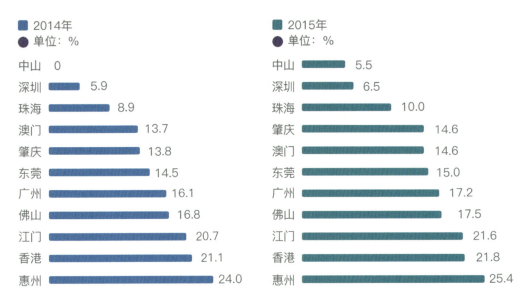

2014年 单位：%		2015年 单位：%	
中山	0	中山	5.5
深圳	5.9	深圳	6.5
珠海	8.9	珠海	10.0
澳门	13.7	肇庆	14.6
肇庆	13.8	澳门	14.6
东莞	14.5	东莞	15.0
广州	16.1	广州	17.2
佛山	16.8	佛山	17.5
江门	20.7	江门	21.6
香港	21.1	香港	21.8
惠州	24.0	惠州	25.4

图6—13　2014年、2015年粤港澳大湾区老龄化率排名

数据来源：《香港统计年刊》《澳门统计年鉴》《广东统计年鉴》及《中国民政统计年鉴》，其中2014年中山市数据缺失。

市政府工作报告，深圳城市人口多以外来人口为主，人口年龄结构偏年轻。在应对老龄化问题上，深圳市政府与社会尤为重视。"十二五"期间深圳市九类重点民生领域市区财政支出2373.5亿元，增长63.2%；全市实施重特大疾病补充医疗保险，启动社保同城通办试点；推进市社会福利中心新址项目等19项养老工程建设，大力提高医疗卫生服务能力；积极实施"三名工程"，引进49个国内外高水平医学学科团队，建成3家名医诊疗中心，推进57项重大医疗卫生项目建设，新增病床6400张。全面提升社康中心设备配置标准，推进三级综合医院专家进社区。深圳城市人口以年轻人为主，社会负担较小，目前深圳市政府积极推进养老服务以及医疗水平建设，为城市未来可持续发展打下了坚实基础。[1]

珠海市在2015年老龄化指标中排名第三。根据2015年珠海市政府工作报告所示，2014年，全市一般公共预算9项民生支出172亿元，增长13.8%，占比提高到63.6%。数据表明，2014年，珠海市率先建立统一的城乡居民基本养老保险制度，惠及25.5万城乡居民，退休人员平均养老金增长10%，补充医疗保险支付待遇4000多万元，共7200多人次受惠，进一步减轻了群众大病医疗负担。积极完善养老服务体系，探索社会养老服务多元化发展方式，居家养老服务

---

[1]　深圳市政府工作报告，2016年，http：//wenku.baidu.com/view/09ffc7d176c66137ee0619ef.html。

覆盖城镇社区和90%的农村社区，珠海市养老机制逐渐成熟。①

（三）每千人口医生数

1. 指标说明

一个国家或地区的医疗卫生包括该地区内所有保障和提高人民的健康、治疗疾病和受伤的人员、组织、系统、过程。医疗卫生服务是国民经济中保护劳动力、提高国民素质和改善生活质量的重要部门，是衡量地区可持续发展中社会发展的重要指标。每千人口医生数是《世界发展指标》《中国人权事业进展》等报告中常采用的衡量医疗卫生条件的基本指标。每千人口医生数是指报告期内按常住人口计算平均每千人拥有的医生数，是体现一个国家或地区医疗卫生水平、人民生活质量的重要指标。

本指标统计以截止到2015年年底各市每千人口医生数作为排序基准，指标数据均选自《香港统计年刊》《澳门统计年鉴》及《广东统计年鉴》。

2. 图表及排名分析

从图6—14中可以看出，2014年、2015年每千人口医生数的总体排名布局无太大变化，2015年每千人口医生数排在前三名的城市分别是珠海、广州、澳门。相比2014年，2015年粤港澳大湾区11个城市的每千人口医生数均有提升，表明该地区的整体卫生服务水平都有了提升。

图6—14　2014年、2015年粤港澳大湾区每千人口医生数排名

数据来源：《香港统计年刊》《澳门统计年鉴》《广东统计年鉴》。

---

① 珠海市政府工作报告，2015年，http：//www.01hn.com/geleibaogao/21345.html。

2015年珠海市每千人口医生数指标值领先于粤港澳大湾区11个城市，排名第一。分析其原因，从2010年到2015年5年来，珠海市政府积极促进提升居民幸福指数，市、区两级财政累计投入792亿元用于基本民生支出，教育文化、社会保障等保持在全省领先水平。2014年，珠海市50多个家庭医生团队与超过19万户家庭签订了服务协议，推动其医疗卫生服务水平朝着更高水平发展。2015年，珠海市公立医院统一实行药品和医用耗材零差率政策，积极实行社区卫生服务标准化，推广家庭医生制度，因此，在医疗卫生服务方面相较于其他城市排名靠前。

在2015年每千人口医生数排名中，广州市位居第二。5年来，广州市积极发展医疗卫生事业，截止到2015年年底，全市三级甲等医院增至34家，有力扩充了城市优质的医疗资源；5年来，积极开展家庭医生签约服务，组建了21家医联体试点，推行基层首诊、双向转诊，扩大医疗卫生覆盖范围；政府积极加强基层医疗卫生机构建设，推广镇村医疗一体化管理，开展区域医疗联合体试点，深化县级公立医院改革，实施基层中医药服务能力提升工程，同时大力支持社会资本办医，增加广州市医疗建设的活力。广州市成熟的医疗卫生系统以及政府大力建设与完善医疗卫生事业是广州市排名第二的主要原因。

澳门以每千人口拥有2.6名医生排名第三。澳门的医疗卫生体系总体水平较高，2014年，政府医疗卫生支出占GDP比重1%，澳门政府投入人均医疗支出的绝对值为1170美元，在亚洲地区居于较高水平。同时，澳门医疗卫生服务体系是混合型基本框架，既包括隶属政府卫生局的医疗机构，也包括非政府所属的私营医疗机构，有效扩大了医疗服务面积，提高了澳门医疗服务质量。

（四）新生儿死亡率

1. 指标说明

新生儿死亡率是卫生系统的重要统计指标之一，是反映一个国家或地区居民健康水平、医疗卫生水平和社会经济发展水平的重要指标，特别是妇幼保健工作及卫生服务水平的重要指标。

本报告以一年为计算周期，计算一年内出生28天内死亡的新生儿人数与全年出生人数之比，用千分率表示。报告中的计算数据均来自《香港统计年刊》《澳门统计年鉴》和《广东省卫生统计年鉴》。其中，因珠三角地区9个城市新生儿死亡率数据缺失，因此本报告仅对2014年排名情况进行分析。

2. 图表及排名分析

从排名可以看出，粤港澳大湾区 11 个城市新生儿死亡率整体偏低，远低于国家平均水平，表明粤港澳大湾区医疗卫生服务水平整体偏高，居民生活质量都有较好的保障（见图 6—15）。

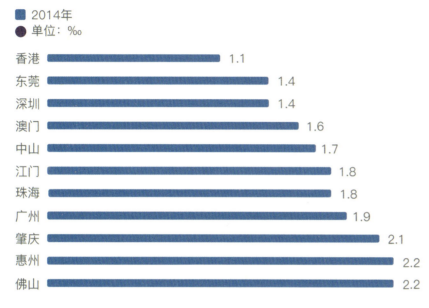

图 6—15　2014 年粤港澳大湾区新生儿死亡率排名

数据来源：《香港统计年刊》《澳门统计年鉴》《广东省卫生统计年鉴》，2015 年统计数据缺失。

2014 年，香港在粤港澳大湾区新生儿死亡率指标排名中排在第一位，新生儿死亡率达 1.1‰，表明其医疗卫生水平程度很高。分析其原因，一是香港医疗沿用英联邦制，城市医疗体系先进，在多个医疗领域上领先全球；二是香港医生一般都有香港和英联邦等国多年的学习经历；三是香港提供许多不同的医疗服务为市民提供完善的医疗服务。整体来说，香港的医疗卫生体系较为成熟，医疗服务水平较高。

东莞市在新生儿死亡率指标排名上位列第二，新生儿死亡率达 1.4‰。根据 2014 年、2015 年国民经济与社会发展统计年报数据显示，2014 年年底，东莞市共有医疗机构 2156 个，其中，三级甲等医院 7 所，门诊、诊所、医务室、卫生站、社区卫生服务机构等基层医疗机构 2070 个；全市卫生技术人员 4.31 万人，医疗机构病床 2.67 万张。全年诊疗总人数下降 4.9%。2015 年年底，东莞市新增医疗机构 42 个；全市卫生技术人员新增 2100 余人，医疗机构病床 8000 余张；全年诊疗总人数下降 4.4%。数据表明，东莞市的卫生医疗体系建设很快，其卫生医疗水平日趋成熟。①

深圳市在新生儿死亡率指标排名中排第二位，新生儿死亡率达 1.4‰。政府工作报告显示，近年来，深圳市大力提高其医疗卫生服务能力。"十二五"期间深圳市实施"三名工程"，引进 49 个国内外高水平医学学科团队，建成 3 家名医诊疗中心；三甲医院由 3 家增至 10 家，国家级医学重点学科由 4 个增至 12 个，北京肿瘤医院深圳医院、南方医科大学深圳医院建成运营，推进 57 项重大医疗卫生项目建设，新增病床 6400 张；同时，全面提升社康中心设备配置标准，推进三级综合医院专家进社区。② 深圳市的医疗卫生服务及规模在粤港澳大湾区位居前列。

（五）教育开支占政府开支比重

1. 指标说明

人力资本是促进经济增长的重要因素，人力资本的核心是提高人口质量，而教育则是积累人力资本最重要也最直接的途径。科教兴国是中国不可动摇的基本国策。城市的教育水平，尤其是高等教育的培养力度代表着城市的未来，是衡量一个城市是否能科学、可持续地发展的重要标准之一。基础教育水平代表着一个城市的基础知识普及程度，是整个城市基本人文素质的代表，而基础教育多是由本市财政包办，故本报告以一年为一个计算周期，用财政预算中教育领域的投入比例代表市政府对基础教育的重视情况（南方日报，2014）。③

本报告中各市教育开支及政府支出数据均来自《香港统计年刊》《澳门统计年鉴》和《广东统计年鉴》。

2. 图表及排名分析

从 2014 年、2015 年两年粤港澳大湾区教育占政府支出比重排名来看（见图6—16），教育占政府支出比重指标的总体布局波动较大。其中，2014 年排名第一的中山市，其 2015 年教育支出占政府支出比重急剧下降，以 17.7% 排名粤港澳大湾区 11 个城市第五名。从整体上看，与 2014 年相比，2015 年 11 个城市除广州市外教育支出占比均有下降，表明 11 个城市对教育的重视程度有不同程度的下降。

---

① 东莞市 2014 年国民经济与社会发展统计年报，http：//tjj. dg. gov. cn/website/web2/art_ view. jsp? articleId = 8746。

② 深圳市政府工作报告，2016 年，http：//wenku. baidu. com/view/09ffc7d176c66137ee0619ef. html。

③ 《珠三角竞争力 2014 年度报告》，《南方日报》2014 年，http：//gz. southcn. com/g/node_ 314656. htm。

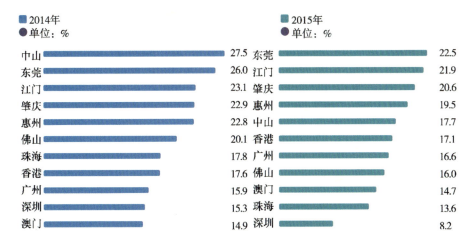

2014年 ●单位：%		2015年 ●单位：%	
中山	27.5	东莞	22.5
东莞	26.0	江门	21.9
江门	23.1	肇庆	20.6
肇庆	22.9	惠州	19.5
惠州	22.8	中山	17.7
佛山	20.1	香港	17.1
珠海	17.8	广州	16.6
香港	17.6	佛山	16.0
广州	15.9	澳门	14.7
深圳	15.3	珠海	13.6
澳门	14.9	深圳	8.2

图6—16 2014年、2015年粤港澳大湾区教育支出占政府支出比重排名

数据来源：《香港统计年刊》《澳门统计年鉴》《广东统计年鉴》。

2015年东莞市以22.5%的教育支出占政府支出比重领先于粤港澳大湾区11个城市，排名第一。东莞是一个外来务工人口占很大比例的城市，这对东莞市的教育管理工作提出了很大的挑战。自1996年，东莞市就提出了成为教育强市的目标；2005年，东莞把优先发展教育、创建广东省教育强市列入十项民心工程；2007年就实现了省教育强镇全覆盖，走在广东省教育普及工程前列。2010—2014年，东莞市政府连续5年安排1000万元专项基金，设立东莞市民办学校扶持专项基金，改善东莞市民办教育。同时自2007年起，东莞市政府承担高中阶段民办教育全部办学经费，初中阶段承担90%的办学经费（南方日报，2014）。① 因此东莞市在教育经费占比指标排名中相较于其他城市排名靠前。

江门市教育支出占政府财政支出21.9%，仅次于东莞市，排名第二。根据江门市政府工作报告，江门市政府积极加大民生投入，2015年，全市安排民生支出207亿元，2014年，全市安排民生支出120.7亿元。在教育方面，坚持教育优先原则，积极巩固城市义务教育的均衡发展，改善义务教育阶段学位不足状况，鼓励扶持优质民办教育，推动教育优质均衡发展，积极推进校企深度合作，推动校企共建生产性实训基地等。2014年年底，江门市基本建立普惠性学前教育体系。②

肇庆市2015年教育支出占政府财政支出20.6%，排名第三。根据肇庆市政

---

① 《珠三角竞争力2014年度报告》，《南方日报》2014年，http：//gz. southcn. com/g/node_ 314656. htm。

② 江门市政府工作报告，2016年，http：//district. ce. cn/newarea/roll/201601/27/t20160127_ 858 5778. shtml；江门市政府工作报告，2015年，http：//www. jiangmen. gov. cn/zwgk/bggk/zfgzbg/201502/ t20150209_ 475695. html。

府工作报告，肇庆市政府对教育尤为重视，2014年，肇庆市教育强镇任务全面完成，公办义务教育学校全部建成标准化学校，在公办学校接受义务教育的进城务工人员随迁子女占比高出全省平均水平27.3个百分点；2015年实现全国义务教育发展基本均衡和全县覆盖，普通高中市一级以上优质学校比例达90.9%。[①]

（六）高校生占总人口比重

1. 指标说明

人力资本是促进经济增长的重要因素，而教育则是积累人力资本最重要也最直接的途径。城市的教育水平，尤其是高等教育的培养是提升城市人才素质、提升城市科技水平和智力资源的有效手段，高等教育代表着城市的未来，是衡量一个城市是否能科学、可持续地发展的重要标准之一（南方日报，2014）。[②]

报告用截至2015年年底的高等院校在校生数占各市常住人口的比例来衡量各市的高等教育水平和质量。其中高等院校在校生数据及各市常住人口数据均来自《香港统计年刊》《澳门统计年鉴》和《广东统计年鉴》。

2. 图表及排名分析

从2014年、2015年两年粤港澳大湾区高等院校在校生占各市总人口的比重排名来看（见图6—17），高校在校生占总人口比重指标排名的总体布局波动不大。其中，珠海市和广州市分别以高校在校生比例8.1%、7.7%位列第一、第二，远超粤港澳大湾区其余9个城市。从总体上来看，除去珠海市和广州市，珠三角地区其余7个城市的高校在校生比例普遍偏低，表明这7个城市在高等教育方面仍存在很大的提升空间。

2015年珠海市以8.1%的高等院校在校生占比位居粤港澳大湾区11个城市榜首。珠海素有"大学城市"之称，目前珠海市有6所大学，其中属于985、211工程重点大学的有中山大学珠海校区和暨南大学珠海校区。广东省和珠海政府致力建设"大学城市"使得珠海市有着天然的硬件优势，优质的教育资源吸引了大量外地优秀生源。珠海市初等教育普及程度也较高，全市学龄儿童净入学率、小学毕业生升学率均达95%以上，初中毕业生升学率达98%。珠海的教育实力凭借大学分校政策的倾斜优势和政府强有力的财政支持，高等

[①] 肇庆市政府工作报告，2016年，http：//www.zhaoqing.gov.cn/xxgk/zfgzbg/xsq_14051/201604/t20160428_381045.html。

[②] 《珠三角竞争力2014年度报告》，《南方日报》2014年，http：//gz.southcn.com/g/node_314 656.htm。

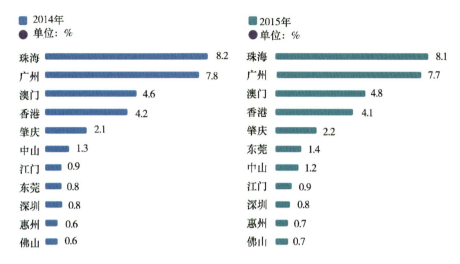

2014年 单位: %			2015年 单位: %	
珠海	8.2		珠海	8.1
广州	7.8		广州	7.7
澳门	4.6		澳门	4.8
香港	4.2		香港	4.1
肇庆	2.1		肇庆	2.2
中山	1.3		东莞	1.4
江门	0.9		中山	1.2
东莞	0.8		江门	0.9
深圳	0.8		深圳	0.8
惠州	0.6		惠州	0.7
佛山	0.6		佛山	0.7

图6—17 2014年、2015年粤港澳大湾区高校在校生占总人口比重排名

数据来源:《香港统计年刊》《澳门统计年鉴》《广东统计年鉴》。

院校众多,师资力量雄厚,且基础教育普及率良好,当之无愧是粤港澳大湾区第一名。

广州市2015年高等院校在校生占总人口比重7.7%,仅次于珠海市。根据《南方日报》2014年发表的珠三角竞争力指数报告,广州市教育水平极高,中山大学、华南理工大学、暨南大学等985、211工程重点大学均坐落广州市,吸引了广东省乃至华南地区大量优质生源,为粤港澳大湾区输送了大量人才。2014年广州市国民经济与社会发展统计年报显示,2014年全年研究生教育招生2.65万人,在学研究生7.72万人,毕业生2.27万人;普通高等教育本专科招生30.15万人,在校生101.93万人,毕业生25.4万人;中等职业学校招生8.84万人,在校生24.46万人,毕业生7.47万人。广州市的高等教育水平在粤港澳大湾区常年处于领先地位。①

澳门市以4.8%的高校生占比排名第三。根据澳门2016年施政报告,澳门在教育方面坚持"教育兴澳,人才建澳"的施政理念,不断完善相关制度和规划。近年来,澳门积极推进《非高等教育发展十年规划(2011—2020)》,致力提高教育投入水平和效能;在高等教育方面,《高等教育制度》获得立法会的一般性通过,大力开展"新办课程评审"先导计划,为高等教育评价制度顺利实施奠定基础,并不断促进高等教育产业、教学、科研相结合。澳门政府根据自身发展情

① 《珠三角竞争力2014年度报告》,《南方日报》2014年,http://gz.southcn.com/g/node_ 314656. htm。

况积极制定配套的教育措施为澳门未来发展打下坚实的基础。①

(七) 社会保障开支占政府开支比重

1. 指标说明

社会保障是指国家通过立法，积极动员社会各方面资源，通过政府的手实现国民收入再分配，包括养老保险、医疗保险、失业保险、生育保险等，保证无收入、低收入以及遭受各种意外灾害的公民能够维持生存，保障劳动者在年老、失业、患病、工伤、生育时的基本生活不受影响。健全的社会保障制度代表着公民权力享受国家保护，是提高公民生活质量的重要保障，是和谐社会的发展重心，是现代社会的一个文明标签。

社会保障是政府公共职责中的主要部分，各市财政支出的大半资金都投入于此，故本报告以社会保障支出比重作为社会保障的排序指标。社会保障开支及政府支出数据均来自《香港统计年刊》《澳门统计年鉴》和《广东统计年鉴》。

2. 图表及排名分析

2014 年、2015 年粤港澳大湾区社会保障支出占政府支出比重指标总体排名布局无太大变化，占该指标排名前三名的城市分别为澳门、江门和香港。从图6—18 中可以看出，各市 2014 年、2015 年两年的社会保障支出占比浮动范围比较小，说明各市社会保障事业发展较为平稳。

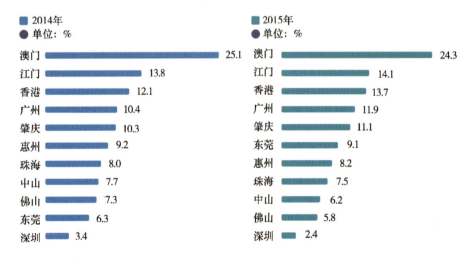

图6—18　2014 年、2015 年社会保障支出占政府支出比重排名

数据来源：《香港统计年刊》《澳门统计年鉴》《广东统计年鉴》。

_____

① 澳门政府施政报告，2016 年，http：//www. policyaddress. gov. mo/policy/home. php？lang＝cn。

如图 6—18 所示，2015 年澳门以社会保障支出占比 24.3% 远超粤港澳大湾区其余 10 个城市，排名第一位。分析其原因，一是澳门政府一直致力于提高社会保障金的覆盖面，导致社会福利占政府支出的比例较大，2012 年社会保障基金累计受益人口高达 41.68 万人，劳动人口为 35.02 万人，累积受益人口要高于劳动人口。二是澳门社会保障收入中绝大部分来自政府财政开支，个人供款所占的比例很低，数据显示，2013—2016 年，政府履行向社保基金共注入 370 亿元的承诺，确保澳门市社保制度的可持续操作；政府投入共 2.8 亿元用于社会服务设施建设，预计 2016 年至 2017 年年底共有 18 间社会服务设施投入运作（孙代尧，2013）。

江门市在社会保障支出占政府支出比重中排名第二位。江门市社保体系正日趋完善，2014 年《江门市国民经济与社会发展统计年报》数据显示，截止到 2014 年年底，江门市镇职工养老保险参保人数 186.19 万人，增加 4.99 万人；城乡基本医疗保险参保人数 388.71 万人，增加 3.43 万人；失业保险参保人数 74 万人，增加 2.76 万人；工伤保险参保人数 76.97 万人，增加 3.11 万人，全年落实供养经费 4981.18 万元，增长 10.2%，社会保障金的覆盖面不断扩大。同时，社会保障基础设施也不断完善，截止到 2014 年年底，江门市共有社会福利院 6 家、敬老院 69 家、社区服务设施 3262 个。

香港在 2015 年社会保障支出占政府支出指标排名方面保持在第三的水平。香港是一个社保机制较为成熟和完善的城市。香港社会保障制度包括综合社会保障援助计划、公共福利金计划、暴力及执法伤亡赔偿计划、交通意外伤亡援助计划及紧急救济。香港的社会保障体系鼓励社会成员自强、自立，如香港的工伤保险制度是由商业保险公司代理，政府不负责承办只负责推行，这样一来企业对劳动者的权益有了很好的保护，二来减少了政府的财政负担（杨伟国，2016）。

（八）失业率

1. 指标说明

失业率是指一定时期满足全部就业条件的就业人口中仍未有工作的劳动力比重，是反映国家或地区失业状况以及劳动力资源利用情况的主要指标。造成失业的原因主要有摩擦性失业、结构性失业和周期性失业。一般认为，由于人口结构的变化、技术的进步、人们的消费偏好改变等因素，社会上总会存在摩擦性失业和结构性失业，它们与经济社会的总需求水平、经济周期无关，是一个国家长期持续存在的最低失业率。当经济中不存在周期性失业时，便认为经济达到了充分就业，充分就业意味着国家或地区的劳动力资源得到了充分利用，同时也意味着国家所有经济资源得到了充分利用。失业率是衡量城市居民生活水平、社会稳定程度以及经济结构的重要指标。

本报告以一年为计算周期，计算 2014 年、2015 年失业人数与劳动力人数的商，指标计算公式为失业率＝失业人数／（在业人数＋失业人数），其中计算数据均来自《香港统计年刊》《澳门统计年鉴》和《广东统计年鉴》。

2. 图表及排名分析

从 2014 年、2015 年粤港澳大湾区失业率排名情况可以看出，失业率指标整体排名布局波动不大，2014 年和 2015 年失业率指标排名前三的城市分别为澳门特区、广州市和中山市；就失业率指标数据来看，粤港澳大湾区失业率数据较为稳定，波动不大，其中澳门的失业率远低于粤港澳大湾区 11 个城市的平均失业率。失业率是衡量地区劳动力资源利用情况的指标，对该指标的分析将帮助我们从公平与发展的角度看待地区经济和社会的发展情况。

如图 6—19 所示，2015 年澳门的失业率指标远低于粤港澳大湾区 11 个城市，排在第一位。回归祖国 17 年来，澳门特区失业率持续下降（受 2008 年 9 月爆发的金融海啸影响，2009 年失业率曾回升），2013—2015 年的失业率均在 2% 以下，而本地居民失业率低于 3%，两者均处于较低水平。2014 年数据显示，澳门劳动人口增至 40.55 万，劳动力参与率为 74.4%。10—12 月，就业人口总数为 39.86 万，比上个季度增加 2400 人。其中，仅建筑行业新增就业人口就达到 2200 人；博彩业就业人数为 8.70 万人，增加就业人口 5500 人。随着澳门经济好转，以及预计 6 家博企位于路凼城的新娱乐设施项目于 2017 年基本投入营运后，其所需的人手会拉动酒店、餐饮、宴会与零售业等的人力资源，预计澳门的失业率将继续维持低位。

广州市 2015 年失业率达 2.20%，排在第二位。广州市积极推进城市就业，数据显示，2014 年广州市全年城镇新增就业 27.08 万人，就业困难人员实现再就业 11.55 万人，积极组织职业培训，应届广州生源高校毕业生就业率 93.3%，2014 年末，全市经人力资源社会保障部门批准的人力资源服务机构共 825 家（包括人才中介机构、职业介绍机构），组织农村劳动力培训 5.55 万人，农村劳动力转移就业人数 7.42 万人；2015 年全年城镇新增就业 27.47 万人，就业困难人员实现再就业 11.56 万人，全年帮助城镇登记失业人员实现再就业 18.04 万人。城镇登记失业人员就业率达 71.86%。从数据来看，广州市就业情况良好。

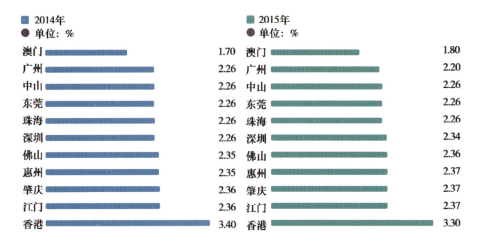

	2014年			2015年	
	● 单位：%			● 单位：%	
澳门		1.70	澳门		1.80
广州		2.26	广州		2.20
中山		2.26	中山		2.26
东莞		2.26	东莞		2.26
珠海		2.26	珠海		2.26
深圳		2.26	深圳		2.34
佛山		2.35	佛山		2.36
惠州		2.35	惠州		2.37
肇庆		2.36	肇庆		2.37
江门		2.36	江门		2.37
香港		3.40	香港		3.30

图6—19　2014年、2015年粤港澳大湾区失业率排名

数据来源：《香港统计年刊》《澳门统计年鉴》《广东统计年鉴》。

中山市、珠海市和东莞市2015年失业率达2.26%，并列排在第三位。在2015年度，三市政府都积极改善城市就业情况，提升城市劳动力资源利用水平。新修订的《广东省失业保险条例》实施后，各市积极调整失业保险政策，突出鼓励失业工人再就业和再创业，充分发挥失业保险预防失业、促进就业创业的作用。中山市2015年全市新增就业6.6万人，城镇登记失业9276人。珠海市2015年全年城镇新增就业人数47585人，12809名城镇失业人员实现再就业，就业困难人员实现就业2576人，农村劳动力转移就业2184人。东莞市2015年失业人员安置就业人数0.94万人。降低城市失业率是提高居民生活质量、维护社会稳定的重要保障，是保证城市可持续发展的重要一环。

（九）科研经费占比

1. 指标说明

科技创新对一个城市价值收益有决定性作用，科技的使用可以提高劳动生产率，节约产品成本，提高城市竞争力。科技投入是推动科技进步的基本动力，是衡量一个国家或地区科技水平的重要指标，也是保障科技水平的先决条件。国际上通常采用研究与发展（R&D）活动的规模和强度指标反映一国的科技实力和核心竞争力。研究与发展（R&D）活动作为科技活动中最具创新性的部分，其资金投入高低直接影响着城市创新能力的高低。研究与试验发展（R&D）经费支出是指统计年度内全社会实际用于基础研究、应用研究和试验发展的经费支出，其中研究与试验发展（R&D）经费内部支出指科研单位R&D活动（包括基础研究、

应用研究、试验发展）的实际支出（南方日报，2014）。①

本报告选用研究与试验发展（R&D）经费内部支出占 GDP 比重这一指标作为衡量城市科技研发投入强度的指标。研究与试验发展（R&D）经费内部支出及 GDP 数据均来自《香港统计年刊》《澳门统计年鉴》和《广东统计年鉴》。其中，2015 年香港和澳门科研经费数据缺失。

2. 图表及排名分析

从 2014 年、2015 年研究与试验发展（R&D）内部经费占 GDP 比重排名来看，粤港澳大湾区 11 个城市整体排名布局变化不大，排名前三位的分别是深圳市、佛山市和中山市。整体来看，粤港澳大湾区 11 个城市科研经费占 GDP 比重较为稳定（见图 6—20）。

图6—20　2014 年、2015 年 R&D 内部经费占 GDP 比重排名

数据来源：《香港统计年刊》《澳门统计年鉴》《广东统计年鉴》，其中香港和澳门 2015 年科研经费数据缺失。

深圳市连续两年以超过 4% 的研究与试验发展（R&D）内部经费占比领先粤港澳大湾区 11 个城市，排在第一位。自改革开放以来，深圳市凭借积极的科技政策和人才引进政策，大力发展科技创新。2011 年，《福布斯》杂志将深圳评为"中国大陆最具创新能力城市"。2015 年深圳市区财政科技类支出共 209.3 亿元，

---

① 《珠三角竞争力 2014 年度报告》，《南方日报》2014 年，http：//gz. southcn. com/g/node_ 3146 56. htm。

重点支持前沿技术、共性技术和核心技术研发，组织重大技术攻关 156 项。新增国家、省、市级重点实验室、工程实验室、工程中心和企业技术中心等 176 家。入选"千人计划"38 人，引进"珠江人才计划"创新团队 9 个、"孔雀计划"创新团队 20 个。有效的市场及制度激励、强而有力的政府财政支持是深圳市科技水平一直处于较高水平的重要原因。

珠海市分别以 2.5%、2.6% 的研究与试验发展（R&D）内部经费占比连续两年排在第二位。珠海市政府审时度势，认识到科技对经济转型以及城市发展的重要作用，积极把创新驱动发展确立为珠海市核心战略，系统谋划创新驱动总体布局和路线图，出台促进科技创新 18 条核心政策。2015 年年底，珠海市新增高新技术企业 51 家，总量达到 397 家，入选省高企培育库企业 196 家；同时，珠海市全面实施蓝色珠海高层次人才计划，引进国家"千人计划"专家 13 人、诺贝尔奖得主 2 人和创新创业团队 5 个，4 人入选省领军人才，居全省地级市首位。

佛山市以微弱的差距排名第三，2015 年佛山市研究与试验发展（R&D）内部经费占比达 2.5%。佛山市政府对科技创新的重视与日俱增，成效显著。根据佛山市政府工作报告，2015 年，佛山国家高新区获批建设珠三角国家自主创新示范区，荣获中国产学研合作创新与促进奖。佛山市政府大力完善自主创新政策体系，出台贯彻落实省科技创新政策意见的 16 条措施。截止到 2015 年年底，新增国家高新技术企业 98 家，总数达 716 家。同时，佛山市积极推进省市共建研究生联合培养基地，推动佛山科学技术学院成为广东省高水平理工科大学。[1]

（十）专利申请数

1. 指标说明

科学技术包括科技创新能力、科技转化能力、科技实力等方面。科技创新对一个城市企业价值收益有决定性作用，科技的使用可以使生产要素的使用得到改善，从而提高劳动生产率，节约产品成本；同时，科技的应用也使得城市企业获得具有垄断优势的产品和资源，从而使城市获得更多的工业租金，并扩大城市产业产品的市场占有率。专利作为科学技术进步的重要指标，通过四种作用机制——技术创新、技术传播、技术转化和技术转移——实现对经济的长期促进增长作用，是衡量国家或地区创新活动中知识产出水平的主要指标（南方日报，2014）。[2]

---

[1] 佛山市政府工作报告，2016 年，http：//www. foshan. gov. cn/zwgk/zfgzbg/。
[2] 《珠三角竞争力 2014 年度报告》，《南方日报》2014 年，http：//gz. southcn. com/g/node_ 314656. htm。

本报告选用专利申请数指标衡量城市技术创新水平和活力，其数据均来自《香港统计年刊》《澳门统计年鉴》和广东省及各市统计年鉴，其中，澳门市2015年专利申请数缺失。

2. 图表及排名分析

从图6—21中数据来看，粤港澳大湾区专利申请数排名总体波动不大，深圳市专利申请数远超粤港澳大湾区其他城市，排名第一。相比2014年，2015年粤港澳大湾区11个城市专利申请数都有一定程度增加，表明近年来粤港澳大湾区城市科技创新能力正不断进步。

图6—21　2014年、2015年粤港澳大湾区专利申请数排名

数据来源：《香港统计年刊》《澳门统计年鉴》《广东统计年鉴》，其中澳门2015年专利申请数数据缺失。

2015年深圳市专利申请数达105481件，稳居粤港澳大湾区11城市第一位。一直以来，深圳市坚持创新驱动发展战略，出台创新驱动发展"1+10"文件，成为首个以城市为基本单元的国家自主创新示范区。2014年数据显示，深圳市PCT国际专利申请量达1.16万件，是5年前的3倍，占全国的48.5%。每万人有效发明专利拥有量65.7件，是全国平均水平的13.4倍。2015年，深圳市PCT国际专利申请达1.33万件，占全国46.9%，其中专利金奖获奖数占全国1/5。2015年，深圳的科研成果和科技人员分别入选《科学》杂志年度全球十大科学突破、《自然》杂志年度全球科学界十大人物。毋庸置疑，深圳市的科技创新能力在整个粤港澳大湾区都是示范表率。[①]

――――――――――

① 中国发展网，2015年，http://www.chinadevelopment.com.cn/zj/2015/07/935152.shtml。

排名第二的广州市 2015 年专利申请数达 63296 件，年增长率达 36%，科技创新实力增长迅速。2015 年，广州政府财政科技支出 71.7 亿元，是 2010 年的 4.68 倍，发明专利授权达 6626 件，比上年增长 44.4%，企业专利质押融资 1.34 亿元。同时，广州市大力发展先进制造业，坚持产学研相结合，科技创新能力显著提高，"十二五"期间推动 600 多家规模以上工业企业进行新一轮技术改造，打造智能装备及机器人、船舶及海洋工程装备、核电装备等先进制造业基地，组建智能装备研究院，壮大新一代信息技术、生物医药等战略性新兴产业。

佛山市 2015 年专利申请数达 39769 件，排名第三。根据佛山市政府工作报告，佛山市深入实施创新驱动战略，2015 年出台贯彻落实省科技创新政策意见的 16 条措施，完善佛山市自主创新政策体系。积极实施高新技术企业培育和企业研发机构建设专项行动方案，新增国家高新技术企业 98 家，总数达 716 家。截止到 2015 年年底，全市共有省级新型研发机构 25 家，新增省级、市级创新团队 18 个。作为国家知识产权示范城市、国家知识产权服务业集聚发展试验区，佛山市是粤港澳大湾区科技创新的重要基地。[①]

三　资源环境类指标：指标说明及排名分析

(一) 人均用水量

1. 指标说明

水是地球上一切生命赖以生存的基本物质，也是城市居民生活和生产中不可缺少的重要资源。根据联合国科教文组织 2009 年 3 月 12 日发布的《世界水资源开发报告》，随着城市化进程加快，在许多工业和人口过度集中的地区，水资源逐渐成了制约城市发展的重要因素。总体上，人类对水的需求每年增长 640 亿 m^3，到 2030 年，全球将有 47% 的人口居住在用水高度紧张的地区。[②] 因此，合理利用水资源是城市可持续发展的必然要求。

本报告选用人均生活用水量作为衡量城市水资源利用情况的指标，计算公式为人均生活用水量 = 核算期内生活用水总量（以一年为核算期）/常住人口数，单位为 m^3/人。计算数据均来自《香港统计年刊》《澳门统计年鉴》和《广东统计年鉴》。

---

① 佛山市政府工作报告，2016 年，http://www.foshan.gov.cn/zwgk/zfgzbg/。
② 《光明日报》2009 年，http://www.gmw.cn/01gmrb/2009-03/15/content_897948.htm。

2. 图表及排名分析

从图6—22来看，粤港澳大湾区11个城市人均用水量水平差别较大。人均用水量最少的前三名分别为中山市、江门市和惠州市，其人均用水量为5—25m³；珠三角地区其他7个城市以及澳门市的人均用水量明显多于前三名，其人均用水量为50—75m³。香港是11个城市中人均用水量最多的城市，其人均用水量达132.49m³，远超过11个城市平均水平。

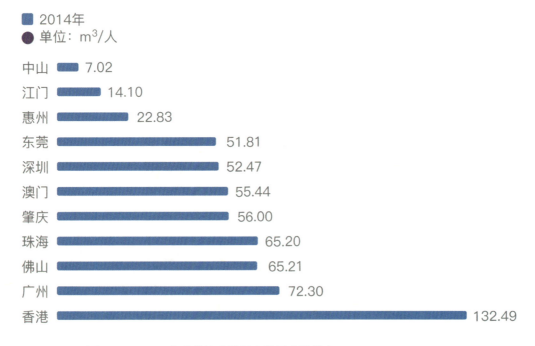

图6—22 2014年粤港澳大湾区人均用水量排名

数据来源：《香港统计年刊》《澳门统计年鉴》《广东统计年鉴》，2015年数据缺失。

2014年，中山市人均用水量为7.02m³，远远低于粤港澳大湾区其他城市，稳居人均用水量指标排名第一。自2011年底2012年初，广东省出台《广东省最严格水资源管理制度实施方案》《广东省实行最严格水资源管理制度考核暂行办法》以来，全省节水成效显著。中山市按照"节水优先、保护水资源、改善水环境"的治水思路，严抓"三条红线"控制，强化节水措施，提高用水效率；积极贯彻落实《中山市最严格水资源管理制度实施方案》，2015年中山市城镇居民生活人均日用水量低于全省平均值，万元GDP用水量比广东省平均水平偏低13.1%，中山市节水工作取得了明显成绩。

2014年，江门市人均用水量为14.1m³，位居粤港澳大湾区人均用水量指标第二名。近年来，江门市不断深入推进节水型社会建设。江门市在2014年度最严格水资源管理制度考核中获得"优秀"等次。江门市积极制定《江门市公共机构节水型单位建设标准》和《江门市公共机构节水型单位建设实施方案》，全方位构筑节水型社会制度。2015 年，江门市的台山市被广东省选定为全省唯一的节水型社会建设县级试点，节水型社会建设工作按计划顺利推进。

2014 年，惠州市人均用水量为 22.83m³，位居粤港澳大湾区人均用水量指标排名第三。近年来惠州市一直积极开展节水工作，其人均综合用水量从 2005 年的 578m³/年，降低到 2014 年的 445m³/年；万元工业增加值（含火电）用水量由 2005 年的 102m³/万元降低到 2014 年的 28.4m³/万元，节水成效显著。2015 年，惠州市积极发出征求《惠州市节水型社会建设规划（征求意见稿)》意见的公告，《规划》提出到 2020 年，力争惠州市总用水量不超过 27.78 亿 m³，人均综合用水量不超过 545m³/年，确定了节水型社会建设的重点以及任务。[1]

（二）森林面积占城市面积比重

1. 指标说明

森林面积占城市面积比重是指一个国家或地区森林面积占土地总面积的百分比。森林面积占比是反映森林资源的丰富程度和生态平衡状况的重要指标。作为城市生态系统中的重要组成部分，城市森林能在一定的时间和空间范围内为人们提供多重生态服务功效，它能有效改善城市发展所引起的环境质量下降问题，有利于维持城市生态系统的健康和平衡以及城市的可持续发展（杨昆，2005)。[2]

本报告以一年为计算周期，计算城市森林面积与城市土地面积的比例，其中考虑到香港、澳门的统计口径不一致，我们选用香港林地面积、澳门绿地面积近似替代其城市森林面积。计算数据均来自《香港统计年刊》《澳门环境公报》和《广东统计年鉴》。

2. 图表及排名分析

与 2014 年相比，2015 年森林面积占城市面积比重排名的总体布局无太大波动，前三位地区的排名较为稳定，2014 年、2015 年排名前三的城市分别为肇庆市、惠州市、江门市。其中，珠海市森林面积占城市面积比重有较快提升，从 2014 年 29.96% 的森林覆盖率提升至 35.94%，表明珠海市正加快城市生态建设（见图 6—23）。

---

[1] 《惠州节水行动纲领出炉节水型社会建设规划征求意见稿邀您提建议》，今日惠州网，2015 年，ht-tp://e. hznews. com/paper/djsb/20151210/A03/1/。

[2] 杨昆：《城市森林生态系统服务功能的研究》，《环境科学动态》2005 年第 2 期。

2014年 单位：%		2015年 单位：%	
肇庆	69.80	肇庆	70.30
惠州	61.60	惠州	62.34
江门	45.32	江门	46.25
广州	42.00	广州	42.00
深圳	41.50	深圳	41.50
东莞	37.40	东莞	37.40
珠海	29.96	珠海	35.94
澳门	28.68	澳门	28.50
香港	24.77	香港	24.77
佛山	21.87	佛山	21.87
中山	19.49	中山	19.49

图6—23　2014年、2015年粤港澳大湾区森林面积占城市面积比重排名

数据来源：《香港统计年刊》《澳门统计年鉴》《广东统计年鉴》。

2015年，肇庆市森林覆盖率达70.3%，在粤港澳大湾区11个城市中排名第一位。肇庆市历来重视生态环境建设，2012年，广东省政府授予其"广东省林业生态市"称号，2016年9月，国家林业局授予肇庆市"国家森林城市"称号。近年来，肇庆市积极实施以生态建设为主的林业发展战略，以建设"森林之都·美丽肇庆"为总目标，大力开展造林绿化，着力加强生态保护，积极创建国家森林城市，不断提升林业生态建设水平。2014年，肇庆市完成植树造林29.64万亩，建成生态景观林带160.8公里，新增森林公园24个、湿地公园2个。2015年，肇庆市新建成森林公园23个，全市义务植树完成663.22万株，森林覆盖率进一步提高。因此，肇庆市在生态建设方面远超粤港澳大湾区其他城市。

2015年，惠州市森林覆盖率达62.34%，年增长率1.2%，在森林面积占城市面积比重排名中位列第二。近年来，惠州市深入开展绿色惠州大行动。2014年林业生态全面提升，新建生态景观林带213公里，森林碳汇12.8万亩，新增县级以上森林公园3个、森林村庄60个，成功创建国家森林城市。2015年，全年造林面积1465公顷，新建生态景观林带123公里，森林碳汇工程11.8万亩，新建镇级以上森林公园24个。惠州市大力推动绿色低碳发展，其生态优势日益凸显。

2015年江门市城市森林覆盖面积46.25%，排在第三位。根据2014年江门市国民经济与社会发展统计公报，近年来，江门市扎实开展绿化大行动，推动城市绿色生态建设。2014 年，全市 80 万人次参加义务植树，植树 260 万株，完成生态景观林带建设 48.2 公里、碳汇林建设 4.56 万亩、乡村绿化美化示范村 234 条，人均公园绿地面积达 17.4 平方米，成为省林业生态市。2015 年，江门市启动公园城市建设和国家森林城市创建工作，全年新增森林公园 32 个、湿地公园 4 个，新建改建村居公园 330 个，建成城市绿道 440 公里，城市人均公园绿地面积达 17.62 平方米，城市森林覆盖率进一步提升。

（三）人均耗电量

1. 指标说明

电能被广泛应用在经济生活的各个领域，是国民经济发展重要的生产资料及人民生活必不可少的生活资料。节约用电即节约发电所需的一次能源，缓解能源的紧张程度。合理用电、节约用电以及将废弃能源转化为电能已经成为节能减排工作中的重中之重。人均耗电量是剔除了人口增长因素后反映国家或地区电力消费水平的科学指标，该指标可以在一定程度上反映一个国家或地区能源利用情况。

本报告中人均耗电量指标以一年为计算周期，其数据均来自《香港统计年刊》《澳门统计年鉴》和《广东统计年鉴》。

2. 图表及排名分析

从 2014 年、2015 年人均耗电量指标排名来看（见图 6—24），粤港澳大湾区 11 个城市整体排名布局有轻微波动，惠州市排名从 2014 年第三位下降到 2015 年第五位，广州市排名从 2014 年第四位上升至 2015 年第三位，香港排名从 2014 年第五为上升至 2015 年第四位，其他城市排名无变化。其中，2015 年人均耗电量排名前三位分别为肇庆市、江门市和广州市。

肇庆市在人均耗电量指标排名上连续两年排在首位，2015 年肇庆市人均耗电量达 3752 千瓦时。肇庆市人均耗电量低与近年来产业结构不断优化升级有关。肇庆市积极发展高效率低能耗产业，2014 年先进制造业增加值和高新技术产品产值占比分别达到 31.1% 和 27.1%，2015 年高技术产业投资增长 204.4%。肇庆市在电力节能方面积极响应国家号召，参加电机能效提升计划，大力支持企业选用高效电机替换低效电机，并给予相应补贴。同时，肇庆市积极建设重点耗能企业能源信息数据管理平台服务机构，加强对重点耗能企业节能工作的管理。因此，在能源消耗方面，肇庆市一直保持较低水平。

江门市在人均耗电量指标排名上连续两年排在第二位，2015 年江门市人均

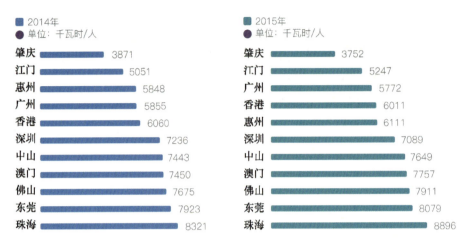

2014年 单位：千瓦时/人		2015年 单位：千瓦时/人	
肇庆	3871	肇庆	3752
江门	5051	江门	5247
惠州	5848	广州	5772
广州	5855	香港	6011
香港	6060	惠州	6111
深圳	7236	深圳	7089
中山	7443	中山	7649
澳门	7450	澳门	7757
佛山	7675	佛山	7911
东莞	7923	东莞	8079
珠海	8321	珠海	8896

图6—24　2014年、2015年粤港澳大湾区人均耗电量排名

数据来源：《香港统计年刊》《澳门统计年鉴》《广东统计年鉴》。

耗电量较2014年有轻微上升，达5247千瓦时。江门市积极制定一系列节能减排方案，促进江门市绿色低碳经济发展。政府提出《江门市2013—2015年淘汰落后产能工作实施方案》，加大淘汰落后产能力度，淘汰一批水泥、陶瓷、造纸、印染、制革、铅蓄电池等行业落后产能；2015年，政府发布《2015年节能减排低碳发展行动方案》，积极落实节能减排工作；江门市严格贯彻落实合同能源管理项目企业所得税减免政策，节能服务公司实施合同能源管理项目即可享受企业所得税"三免三减半"税收优惠等。因此，江门在节能减耗方面成绩斐然。

2015年广州市人均耗电量为5772千瓦时，在粤港澳大湾区11个城市中排在第三位。广州市在节能减排、绿色低碳发展方面成效显著。近年来广州大力发展技术含量较高的汽车产业、电子信息业、医药业等高效低耗能产业，促进产业结构不断优化升级。在电力节能方面积极响应国家号召，参加电机能效提升计划。在广东省内广州市的奖励扶持力度最大，按省里奖励1∶1配套，电机改造企业基本上不需额外支付成本就可淘汰更新电机。2014年6月，广州环保局公示《关于加快培育和发展广州市环保产业的意见（公开征求意见稿）》，提出到2020年广州将重点培育5—8家环保龙头与骨干企业成为上市企业，并将建立重点环保企业清单，实行节能环保项目减免企业所得税及节能环保专用设备投资抵免企业所得税政策，这表明广州将加大对环保产业的扶持力度。

（四）可吸入颗粒物浓度

1. 指标说明

城市大气环境系统是城市生态系统的重要组成部分，也是影响城市经济、社会系统的重要因素。可吸入颗粒物浓度是反映空气质量的重要指标，是城市生态环境的重要维度。可吸入颗粒物又称 PM10，是指在空气中长期飘浮的悬浮微粒。一些颗粒物来自污染源的直接排放，如烟囱与车辆，另一些则是由环境空气中硫氧化物、氮氧化物、挥发性有机化合物及其他化合物互相作用形成的细小颗粒物。

本报告选用粤港澳大湾区 11 个城市 2014 年、2015 年可吸入颗粒物浓度指标，以此反映各城市的空气污染状况。其中数据均来自《香港统计年刊》《澳门统计年鉴》和《广东统计年鉴》。

2. 图表及排名分析

从 2014 年、2015 年可吸入颗粒物浓度对比来看（见图 6—25），2015 年粤港澳大湾区 11 个城市可吸入颗粒物浓度都有一定下降，表明粤港澳大湾区 11 个城市大气环境都有不同程度的改善。11 个城市排名布局有一定波动，2014 年可吸入颗粒物浓度最低的前三名城市分别为香港、珠海、深圳，2015 年可吸入颗粒物浓度最低的前三名城市为香港、中山、深圳。

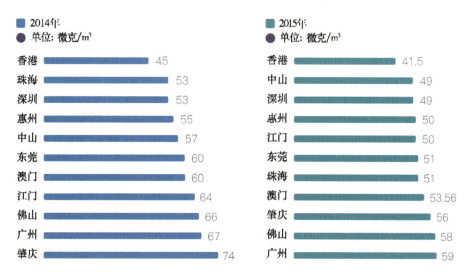

图 6—25　2014 年、2015 年粤港澳大湾区可吸入颗粒物浓度排名

数据来源：《香港统计年刊》《澳门统计年鉴》《广东统计年鉴》。

2015 年，香港可吸入颗粒物浓度为 41.5 微克/m³，排名第一。近年来，香港政府制定了多份环保蓝图和重要措施旨在提高香港大气质量。为减少车辆废气排放，环境保护署于 2000 年推出一套全面的车辆废气排放管制计划，与 1999 年相比，2015 年路边的氮氧化物、悬浮粒子和二氧化硫平均含量分别减少了 51%、70% 及 50%。2013 年香港环境局发布《香港清新空气蓝图》，详细列出各项措施以应对由发电厂、海陆交通和非路面流动机械带来的空气污染，推动香港空气治理更进一步发展。

2015 年，中山市可吸入颗粒物浓度为 49 微克/m³，年降低率达 14%，大气环境改善显著，排名第二。2015 年，中山市空气质量持续改善，PM2.5 平均值提前两年达标，位居全国 74 个重点监测城市前列。中山市在大气污染防治方面采取了诸多措施。2014 年中山市出台全省首个地级市碳排放管理政策，参与省碳排放交易企业履约率达 100%，获全省总量减排考核优秀等次。"十二五"时期，中山市累计淘汰黄标车及老旧车辆 10 万辆，推广新能源汽车 2000 辆，476 家重点企业完成清洁生产审核。中山市在整治污染、改善空气质量方面成效显著。

2015 年，深圳市可吸入颗粒物浓度为 49 微克/m³，与中山市在可吸入颗粒物浓度指标排名中并列第二。深圳市深化推进生态文明建设，着力建设宜居宜业的绿色家园。2014 年，全市环境空气质量指数达到国家一级（优）和二级（良）的天数共 324 天，2015 年灰霾天数由 112 天降至 35 天，为 23 年来最少。为了提升空气质量，深圳从污染防治、污染源治理两方面提出了空气质量改善措施。在污染防治政策方面，5 年来，深圳市大力完善大气污染防治政策体系，出台了大气质量提升 40 条措施，加大对污染的治理力度。在大气污染源治理方面，5 年来，深圳市淘汰黄标车及老旧车 31.2 万辆，推广新能源汽车 3.6 万辆；率先开展碳排放权交易，2014 年 621 家管控企业碳排放强度较 2010 年下降 34.2%。深圳市防治结合，避免先污染后治理的发展模式对粤港澳大湾区其他城市发展起到示范作用。

（五）节能环保占政府支出比重

1. 指标说明

环境保护是指人类为解决现实或潜在的环境问题，协调人类与环境的关系，保护人类的生存环境、保障经济社会的可持续发展而采取的各种行动的总称。能源节约是指采取技术上可行、经济上合理以及环境社会可以承受的措施减少从能源生产到消费各个环节中的损失和浪费，提高能源的利用效率。环境保护和能源节约是一个国家或地区可持续发展的必然要求。发展绿色经济是政府公共职责的重要部分，各市政府公共支出中的部分资金都投入于此。

在粤港澳大湾区 11 个城市现有财政支出分类和统计口径中，"节能环保支出"这一项最接近于能源节约与环境保护，因此本报告选用节能环保支出占政府支出比重来衡量城市环境保护与能源节约力度。其中指标数据均来自《香港统计年刊》《澳门统计年鉴》和《广东统计年鉴》。

2. 图表及排名分析

从 2014 年、2015 年数据来看，粤港澳大湾区节能环保支出占政府比重指标整体排名布局变动较大，2014 年，该指标排名前三名的城市分别为深圳、香港和中山，2015 年，该指标排名前三名的城市分别为香港、东莞和中山。与 2014 年数据对比来看，2015 年粤港澳大湾区 11 个城市的节能环保占政府支出比重有升有降。

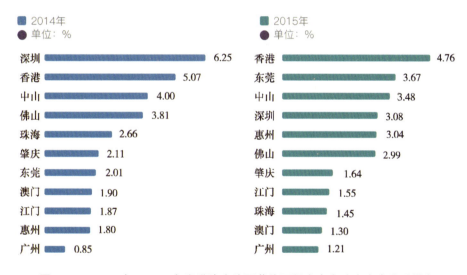

图 6—26　2014 年、2015 年粤港澳大湾区节能环保支出占政府支出比重排名

数据来源：《香港统计年刊》《澳门统计年鉴》《广东统计年鉴》。

如图 6—26 所示，2015 年香港节能环保支出占政府支出比重指标值在粤港澳大湾区 11 个城市中排在第一位。环境保护一直以来都是香港政府重点工作之一。2013 年环境局公布《香港清新空气蓝图》，制定一系列措施，旨在提升香港空气质量；同年还公布《资源循环蓝图》，阐述香港未来 10 年废物管理策略，订下 10 年减废四成的目标、政策措施和行动时间表。2014 年，政府设立推动回收业可持续发展督导委员会，并预留 10 亿元设立"回收基金"。2014 年初，环境局宣布以先导方式设立 5 个社区环保站，协助社区收集各类回收物料。因此，在节能环保方面，香港政府投入水平一直保持较高水平。

2015 年东莞市节能环保支出占政府支出比重达 3.67%，年增长率达 82.6%，在粤港澳大湾区 11 个城市中排名第二位。2014 年，东莞市积极推进国家节能减排财政政策综合示范城市建设，全面启动三年总投资 350 亿元的示范项目建设计划。2015 年，投入 17.1 亿元推动水乡 101 家"两高一低"企业加快退出，其电机和注塑机节能改造量均居全省第一。2015 年，东莞市基本建成 7 个环保专业基地，推进 11 家污水处理厂新改扩建，并启动麻涌环保热电厂建设，完成横沥环保热电厂一期改造。东莞市积极扎实推进节能环保工作，有效加快了东莞市产业结构升级、提升全市环境质量。

相较于 2014 年节能环保支出占政府支出比重的表现，惠州市 2015 年在该指标的排名上保持了第三位的水平，其节能环保支出占政府支出 3.48%。"十二五"期间，惠州市大力推动绿色低碳发展，生态优势日益凸显。2011—2015 年 5 年间，建成农村污水处理设施 477 个、垃圾收集点 2 万多个、森林村庄 285 个，清退重污染项目 177 宗，完成减排项目 269 宗，淘汰黄标车和老旧车辆 4.68 万辆，推广应用新能源汽车超 2000 辆；积极推进广东太平岭核电项目启动，风力、太阳能光伏发电等新能源产业发展。

（六）单位 GDP 能耗

1. 指标说明

单位 GDP 能耗是指每产生万元 GDP（国内生产总值）所消耗的能源，是反映能源利用效率的主要指标。单位 GDP 能耗越大，经济发展对能源的依赖程度越高。粗放型经济增长方式主要依靠增加生产要素投入来扩大生产规模，实现经济增长，而集约型经济增长方式则主要依靠科技进步和提高劳动者的素质等来增加产品数量和提高产品质量，推动经济增长。以粗放型经济增长方式实现的经济增长，相比于集约型经济增长方式，能源消耗较高，单位 GDP 能耗相对较大。因此，该指标也间接反映了产业结构状况、设备技术装备水平、能源消费构成等方面内容（南方日报，2014）。[①]

---

① 《珠三角竞争力 2014 年度报告》，《南方日报》2014 年，http：//gz. southcn. com/g/node_ 3146 56. htm。

本指标单位 GDP 能耗计算公示为单位 GDP 能耗（吨标准煤/万元）＝一次能源消费总量（吨标准煤）/地区生产总值（万元），计算数据均来自《香港能源统计年刊》《澳门统计年鉴》和《广东统计年鉴》。

2. 图表及排名分析

从总体来看，2015 年粤港澳大湾区 11 个城市单位 GDP 能耗数据相比 2014 年均有一定程度降低，表明粤港澳大湾区在节能减排、能源利用方面有了很大改善。就排名来看，2015 年粤港澳大湾区单位 GDP 能耗指标总体排名布局无太大变化，占据该指标排名前三名的城市分别为澳门市、深圳市和珠海市。单位 GDP 能耗指标能从能源利用效率的角度反映地区经济发展与资源环境的协调度（见图 6—27）。

图 6—27　2014 年、2015 年粤港澳大湾区单位 GDP 能耗排名

数据来源：《香港统计年刊》《澳门统计年鉴》《广东统计年鉴》，其中香港 2015 年单位 GDP 能耗数据缺失。

2015 年澳门单位 GDP 能耗指标数值为 0.06 吨标准煤/万元，与 2014 年相比，单位 GDP 能耗指标虽有轻微上升，但仍处于较低水平，在粤港澳大湾区 11 个城市中单位 GDP 能耗最低，排在第一位。分析其原因，一来澳门产业结构以博彩业和旅游业为主，其能耗水平低于重工业等能耗大的行业；二是澳门政府积极制定系列措施提高能源利用效率，2010 年澳门环境保护局启动环境规划工作，包括有序制定各种机动车尾气排放标准，投入 2200 万元重点支持节能技术示范和节能机构能力建设等项目。

2015 年，深圳市单位 GDP 能耗降至 0.4 吨标准煤/万元，在粤港澳大湾区 11 个城市中排名第二位。在节能政策推行上，深圳市不断推出的创新之举，成为打造绿色 GDP 的有力抓手和重要保障。2013 年，深圳市出台国内首部促进绿色建筑全面发展的政府规章《深圳市绿色建筑促进办法》。2014 年，深圳市出台《深圳节能环保产业振兴发展规划（2014—2020年）》和《深圳节能环保产业振兴发展政策》，用于支持节能环保产业发展（南方日报，2014）。[①] 在产业布局上，深圳积极发展战略性新兴产业，通过产业结构调整赢得节能减排的主动权，2015 年，深圳新兴七大产业增加值增长16.1%，其中新一代信息技术、互联网产业分别增长 19.1% 和 19.3%。深圳市低碳发展之路为深圳可持续发展带来了活力。

珠海市在节能降耗方面成绩优异，2015 年，单位 GDP 能耗降至 0.42 吨标准煤/万元，夺得大湾区 11 个城市排名榜第三名。珠海市在节能减耗方面采取了诸多措施。2009 年，珠海市颁布了《珠海市节能降耗近期十项行动计划》，完善了珠海市节能统计、监测与考核的体系，并明确了任务、落实了责任。珠海市各区定期举办重点能耗企业节能降耗的培训班，引导企业加强日常用能管理，同时，积极引导企业进行能源体系管理认证、申报珠海市节能技改项目，并对节能、耗能企业分别实行奖罚措施。珠海市有力的管理措施和切实的行动使其在节能减耗方面取得了优异成绩。

四　小结

本章分别对粤港澳大湾区 11 个城市 2014 年、2015 年经济、社会和资源环境 3 个子系统总共 26 个三级指标作了排名分析。与 2014 年相比，2015 年粤港澳大湾区 11 个城市 26 个三级指标普遍得到了改善，可持续发展能力呈现不断提高趋势。从经济、社会和资源环境 3 个子系统的排名可以看出，存在某些具体三级指标 11 个城市差距较大的情况，表明粤港澳大湾区内部存在城市间发展不均衡问题。同时，从每个城市 26 个三级指标排名可以看出，城市内部也存在发展不协调等问题。

---

① 《珠三角竞争力 2014 年度报告》，《南方日报》2014 年，http：//gz. southcn. com/g/node_ 3146 56. htm。

分析报告

第七章　粤港澳大湾区可持续发展：量化方法、现状报告与对比报告

一　粤港澳大湾区可持续力量化方法

（一）数据来源及处理

1. 数据来源

本报告数据来源于 2006—2016 年《香港统计年刊》、《澳门统计年鉴》、《广东统计年鉴》、广东省卫生统计年鉴、广东省民政统计年鉴、中国民政统计年鉴、中国城市统计年鉴以及珠三角各个市的统计年鉴和统计公报等。

2. 数据处理

针对数据存在部分缺失的情况，本报告采用三次样条差值和灰色预测方法对缺失值进行拟合。

（二）模型概述

复合系统的基本思想是研究系统内部相互作用、相互依赖、相互制约的子系统之间的协调发展程度，分为复合系统有序度模型和复合系统协调度模型。复合系统能有效地梳理系统中的复杂关系，并计算出系统的协同一致程度，有助于我们分析可持续系统内经济、社会和资源环境子系统的协同演化规律及状态。复合系统的基本方法是先定义各个指标的功效系数，再整合各个子系统内指标的效率系数并计算出秩序度，最后逐层而上计算整个系统的协调度，以协调度来衡量系统的整体发展程度。下文将从功效系数、秩序度和协调度三个方面逐层阐述复合系统方法（樊华，2006）。

1. 功效系数

复合系统内部变量可分为慢驰豫变量和快驰豫变量，其中慢驰豫变量（序参量）是决定系统演化的根本性变量。慢驰豫变量之间的协同关系是整个系统有序

的关键所在，经济、社会和资源环境子系统的协调发展也是由慢驰豫变量的状态决定的。而慢驰豫变量对整个系统有序性的贡献被称为功效系数 EC（Efficiency coefficient）。EC 的取值在 0 和 1 之间，当 EC = 0 表示目标最为不满意，而当 EC = 1 表示目标最为满意。若慢驰豫变量用 V_{ji} 表示，则 $EC(V_{ji}) = F(V_{ji})$，其中 F 表示关系式，且 $j \in \{1,2,3\}$，$i \in \{1,2,3,\cdots,n\}$。

将可持续系统定义为 $S = \{S_1, S_2, S_3\}$，其中 S_1 为经济子系统，S_2 为社会子系统，S_3 为资源环境子系统。当可持续系统保持稳定时，序变量的变动会对系统的有序度造成两方面的影响：一种是正向作用，即系统有序度会随着序变量的变大而变大；另一种是负向作用，即系统有序度会随着序变量的变大而变小。假设 α_{ji} 和 β_{ji} 分别为保证系统稳定存在的序变量 V_{ji} 的实际表现值 X_{ji} 的上限和下限（本报告分别取最大值的 1.1 倍和最小值的 0.9 倍），由此可得到功效函数如下所示：

$$EC(V_{ji}) = \begin{cases} \dfrac{X_{ji} - \beta_{ji}}{\alpha_{ji} - \beta_{ji}}, & X_{ji}\ has\ pasitive\ effect \\[3mm] \dfrac{\alpha_{ji} - X_{ji}}{\alpha_{ji} - \beta_{ji}}, & X_{ji}\ has\ negative\ effect \end{cases}$$

2. 有序度

复合系统中各个子系统有序度值是由各个子系统下指标的功效系数通过几何平均法运算而成，即：

$$EC_j(V_j) = \sqrt[n_j]{\prod_{i=1}^{n_i} EC_j(V_{ji})}$$

其中 $EC_j(V_j) \in (0,1)$，其值越高，表明子系统有序度越高；反之则越低。

3. 协调度

假设给定初始时刻 t_0，第 j 个子系统的有序度为 $EC_j^0(V_j)$，$j = 1,2,3$，则在 t_1 时刻的第 j 个子系统的有序度为 $EC_j^1(V_j)$。因此，定义整个可持续系统的协调度为：

$$cm = \theta \sqrt[k]{\left| \prod_{j=1}^{k} [EC_j^1(V_j) - EC_j^0(V_j)] \right|}$$

其中，$\theta = \dfrac{\min\limits_j [EC_j^1(V_j) - EC_j^0 V(e_j)]}{\left| \min\limits_j [EC_j^1(V_j) - EC_j^0 V(e_j)] \right|}$，$j = 1,2,3$

综上所述，可持续系统协调度表示的是以时间序列为基准的系统动态协同状态，且 $cm \in [-1,1]$。cm 值越大表明系统的协同发展程度越高。因此，在本报告中，可持续系统协调度越大，则该地区可持续发展水平越高；反之，则越低（张毅，2010）。

二 香港特别行政区可持续力发展报告

(一) 可持续发展现状

鉴于地少人多的外部环境，香港一直倚重集约式的空间发展模式，以满足人口、环境和经济发展的需求。从 1997 年香港特别行政区制定了适用于香港的可持续发展定义（在社会大众和政府群策群力下，均衡满足现今一代和子孙后代在社会、经济、环境和资源方面的需要，从而令香港在本地、国家及国际层面上同时达到经济繁荣、社会进步及环境优美的目的）以来，特区政府一直着力增强香港地区可持续发展能力，并在 2007 年公布的《香港 2030 规划远景与策略》中为香港未来可持续发展方向做出了详细的阐述。

(二) 可持续发展目标

根据特区政府公布的《香港 2030 规划远景与策略》，未来香港地区的发展主要遵循三个目标：提供优质生活环境、提高经济竞争力以及加强与内地联系。由此，本报告以 2005 年为基期，结合复合系统量化 2006—2015 年香港地区可持续力发展情况，从客观的角度分析香港 2006—2015 年可持续发展的优势和不足。

(三) 量化结果分析

以 2005 年为基期计算得出的 2006—2015 年香港可持续力发展情况如表 7—1、图 7—1 所示。

表 7—1　　　　　　　　　　香港可持续力发展情况

年份	2006	2007	2008	2009	2010	2011	2012	2013	2014	2015
可持续力	0.1055	0.1604	0.1349	-0.0169	0.1838	0.1873	0.1826	0.2635	0.2339	0.2256

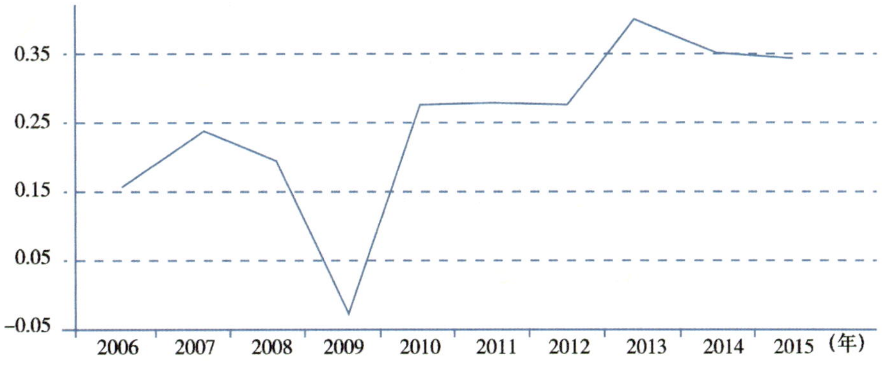

图 7—1　香港可持续力发展情况

根据图 7—1 所示，香港从 2006 年到 2015 年可持续力总体呈上升趋势。相较 2006 年，2015 年香港地区可持续力由 0.1055 增加至 0.2256。但值得注意的是，在 2007—2009 年时间段内，香港可持续力呈现了一定程度的下降趋势。为此，本报告做出 2006—2015 年内经济、社会和资源环境三个子系统的发展图示，以深入分析该时间段内香港地区可持续力呈负向发展的原因（见图 7—2）。

图 7—2　香港经济、社会和资源环境子系统发展情况

从图 7—2 中可明显看出，香港地区在 2007—2009 年时间段内经济和社会子系统的负向发展是导致该时间段香港地区可持续力下降的主要原因。由此分析结果，本报告对各子系统指标数值进行标准化，并通过雷达图的形式，更进一步挖掘造成香港可持续力下降的原因。

从图 7—3 中可清晰地看出，导致香港地区经济发展变缓的重要因素是 GDP 增速和出口占 GDP 比重两个指标数值的大幅减少。在 2007 年以前，香港经济一直保持高速发展，其平均 GDP 增速高达 7%，但从 2008 年 9 月开始，香港经济受雷曼兄弟破产引发的全球金融海啸影响，出现大幅下跌，其 GDP 增速更是跌至负值。与此同时，香港很多出口企业都抵受不住海啸的影响纷纷倒闭，对外贸易恶化幅度明显，因此，在 2008—2009 年，香港地区出口总额受此影响出现大幅下跌。

从图 7—4 中可以看出，2007—2009 年，香港社会子系统有序度的改变是因为社会保障开支占政府总开支比重、失业率以及专利申请数数值有较大程度的改变。其中，2009 年香港政府面对数十年来全球最严重的经济衰退，推出了"稳金融、撑企业、保就业"的策略，稳住了超过 24 万个就业机会，但相较 2007 年，香港失业率依然上升了约 1.3 个百分点。除此之外，2009 年因为受到金融海

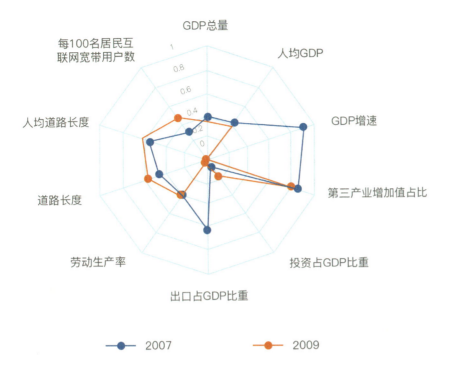

图7—3　2007—2009 年香港经济子系统各指标变化

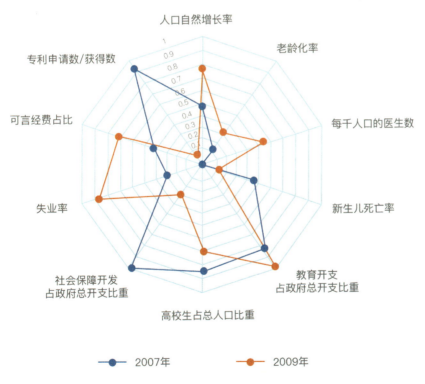

图7—4　2007—2009 年香港社会子系统各指标变化

啸的影响，香港特区政府在社会保障和创新方面的投入较 2007 年也有一定程度的下降。

三　澳门特别行政区可持续力发展报告

（一）可持续发展现状

澳门特别行政区位处珠江三角洲西侧，虽然其土地面积仅有 29.7 平方公里，但却能成为全球最富裕的地区之一、全球最宜居城市之一和世界旅游休闲中心之一。随着 2015 年澳门博彩业发展进入瓶颈，澳门经济出现负向增长，城市可持续发展能力也日益减弱。

（二）可持续发展目标

澳门特区政府为了提高澳门未来可持续发展能力，在 2015 年出台《澳门特区政府——澳门五年发展规划（2016—2020 年）》，将整体经济稳健发展、产业结构进一步优化、旅游休闲大业态逐步形成、居民生活素质不断提高、文化与教育持续发展、环境保护成效显著和施政效能进一步提升作为其未来可持续发展的目标。由此，本报告以 2005 年为基期，结合复合系统量化 2006—2015 年澳门地区可持续力发展情况，从客观的角度了解澳门地区可持续发展历程，为其未来可持续发展方向提供参考，使其真正成为名副其实的旅游休闲城市、宜居城市、安全城市、健康城市、智慧城市、文化城市、善治城市。

（三）量化结果分析

以 2005 年为基期计算得出的 2006—2015 年澳门可持续力发展情况如表 7—2、图 7—5 所示。

由图 7—5 可知，截止到 2015 年，澳门可持续力为 0.0707，相较于 2006 年的 0.0958，无明显上升趋势，甚至有略微的下降。值得注意的是，澳门 2006—2015 年可持续力数值波动幅度非常大，尤其体现在 2008—2009 年和 2014—2015 年两个时间段内。为此，本报告做出 2006—2015 年经济、社会和资源环境三个子系统的发展图示，以深入分析这两个时间段内澳门地区可持续力有较大波动的原因。

表 7—2 　　　　　　　　　　　　　　澳门可持续力发展

年份	2006	2007	2008	2009	2010	2011	2012	2013	2014	2015
可持续力	0.0958	0.1542	0.1499	0.0916	0.1023	0.1083	0.0724	0.1264	0.1714	0.0707

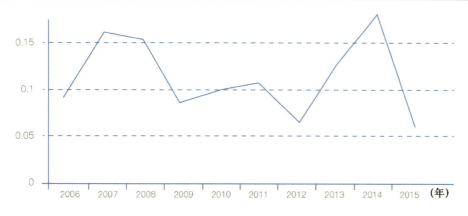

图 7—5　澳门可持续力发展

从图 7—6 中可明显看出，澳门地区在 2008—2009 年时间段内，经济、社会和资源环境子系统都有较大程度的波动，因此该时间段内可持续力有较大的波动。在 2014—2015 年时间段内，由于经济、社会和资源环境的大幅下跌，澳门可持续力也出现了大幅下跌的态势。由此分析结果，本报告对各子系统指标数值进行标准化，并通过雷达图的形式，更进一步挖掘造成澳门可持续力波动的原因。

经济子系统有序度　　社会子系统有序度　　资源环境子系统有序度

图 7—6　澳门经济、社会、资源环境子系统发展情况

从图 7—7 中可清晰地看出，澳门地区 2008—2009 年经济子系统中只有投资占 GDP 比重和出口占 GDP 比重两个指标数值有一定程度的减少。自 2008 年 9 月开始，全球经济由于受到金融危机冲击，出现了较大幅度的动荡，对澳门经济的发展产生了较大程度的影响。但得益于 CEPA 及其补充协议的签订和特区政府多元化经济战略的推进，澳门经济总体没有出现下降的基调。但由于澳门自开埠以来一直实行自由贸易政策，所以其经济外向度极高，在国际贸易体系中占据了独特的地位，其出口和国内投资方面依然因为世界经济的动荡出现了一定程度的下降。

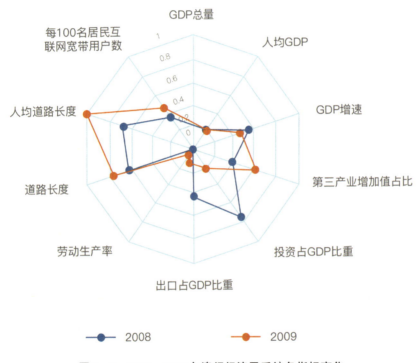

图 7—7　2008—2009 年澳门经济子系统各指标变化

从图 7—8 中可以看出，2008—2009 年，澳门地区社会子系统有序度的改变是因为科研经费占比、专利申请数和新生儿死亡率数值有较大程度的改变。其中，科研经费占比和专利申请数的显著降低意味着，相较 2008 年，2009 年澳门地区的创新水平发生了一定程度的下降。而 2009 年新生儿死亡率的显著下降显示了澳门特区政府在提升整体医疗水平方面做出的贡献。

由图 7—9 可知，2008—2009 年，澳门地区资源环境子系统有序度的改变是因为其人均生活用水量、人均耗电量和单位 GDP 能耗的指标数值增加，以及节能环保支出占政府开支比例的指标数值减少。其中，人均生活用水量的增加说明

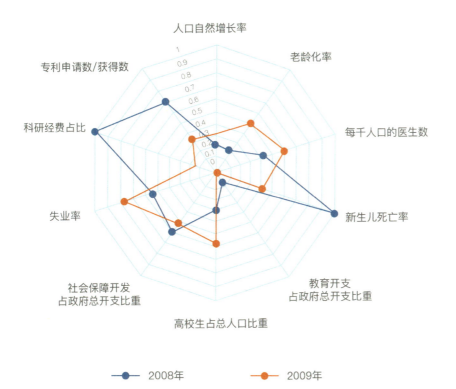

图 7—8　2008—2009 年澳门社会子系统各指标变化

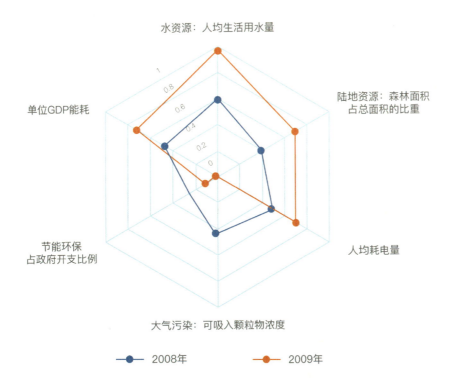

图 7—9　2008—2009 年澳门资源环境子系统各指标变化

澳门2008—2009年"构建节水型社会"举措未能发挥显著成效；人均耗电量的增加则表示澳门地区2009年能源消耗量较2008年高，能源利用效率降低；单位GDP能耗的增加表示澳门地区2008—2009年能源消耗较高，经济发展对能源依赖程度高；而节能环保支出占政府开支比例的指标是从政府的角度反映了当年环境保护和能源节约的力度。从图中可以清晰看出，2009年澳门特区政府对于环境保护和能源节约的力度存在一定程度的下降。

由图7—10可知，澳门地区2014—2015年经济形势日益严峻，与GDP相关的GDP总量、人均GDP、GDP增速以及劳动生产率指标数值都有较大程度的下降。2014—2015年，全球经济形势不佳，中国整体面临经济下行压力，澳门地区的经济发展水平亦受到影响，其支柱产业——博彩业经历了持续10年的高速增长后，进入瓶颈期，收益持续下降。2015年前10个月博彩业毛收入为1960.7亿元，同比下降了35.5%。① 对于极度依赖博彩业的澳门经济来说，面对博彩业收益持续下降的压力，其2014—2015年时间段内必然在GDP方面表现不佳。

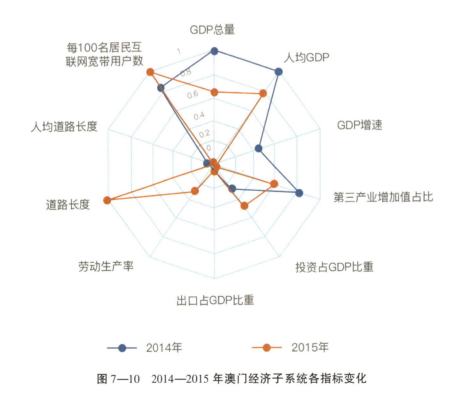

图7—10 2014—2015年澳门经济子系统各指标变化

---

① 澳门政府施政报告，2016年，http：//www. policyaddress. gov. mo/policy/home. php？lang＝cn。

从图7—11中可以看出，2014—2015年，澳门地区社会子系统有序度的改变主要是因为科研经费占比数值有较大程度的改变。2014—2015年，澳门地区的科研经费占比从0.088%下降至0.053%，说明2015年澳门地区在培养科研人员、促进科学事业不断发展以加强地区创新能力方面仍需努力。

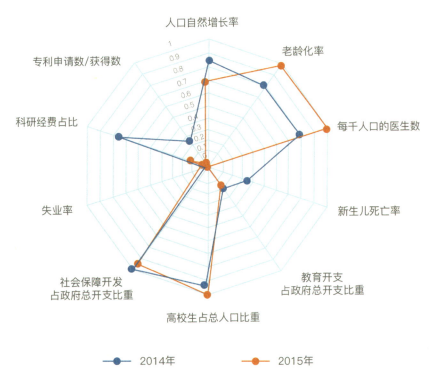

图7—11　2014—2015年澳门社会子系统各指标变化

根据图7—12所示，2014—2015年虽然澳门地区大气污染得到了有效的控制，但其人均生活用水量、单位GDP能耗都有所上升，同时节能环保支出的比例也有一定程度的下降。这意味着，特区政府当年在宣传和推广节水活动、减少能源消耗、提高生产效益方面还有待进一步提高。

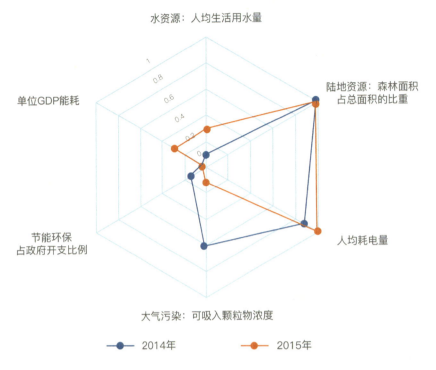

水资源：人均生活用水量

陆地资源：森林面积
占总面积的比重

单位GDP能耗

人均耗电量

节能环保
占政府开支比例

大气污染：可吸入颗粒物浓度

● 2014年   ● 2015年

图7—12　2014—2015年澳门资源环境子系统各指标变化

四　珠三角地区可持续力发展报告

（一）珠三角可持续力发展现状

　　中国南部的珠江三角洲区域包括广东省的广州、深圳、珠海、佛山、肇庆、惠州、江门、东莞和中山9个地级市，是目前拉动中国经济增长的主要动力之一，也是中国可持续发展能力最强的地区之一。从改革开放至今，珠三角地区在经济和社会层面得到了飞速发展，其中广州市和深圳市一跃加入中国一线城市行列，但经济长期的快速发展带来了一系列的城市生态环境问题。为此，珠三角9个城市的政府一直着力推动经济逐步由粗放式向集约式发展，重视污染防治和生态环境建设，旨在提高居民生活质量，力求增强珠三角地区可持续发展能力。

（二）珠三角可持续发展目标

　　为了实现绿色发展目标，2016年1月30日广东省十二届人大四次会议审议通过广东省"十三五"发展规划纲要，将率先全面建成小康社会、基本建立比较完善的社会主义市场经济体制、基本建立开放型区域创新体系、基本建立具有全球竞争力的产业新体，以及基本形成绿色低碳发展新格局作为未来5

年的发展目标。为此，珠三角 9 个城市积极响应广东省"十三五"发展规划的号召，力求建设经济更具活力、生态环境更加优美、社会更加和谐的珠三角地区。

由此，本报告以 2005 年为基期，结合复合系统量化 2006—2015 年珠三角 9 个城市可持续力发展情况，从客观的角度了解珠三角地区可持续发展历程，为其未来可持续发展方向提供参考。

（三）量化结果分析

1. 广州市可持续力量化结果分析

以 2005 年为基期计算得出的 2006—2015 年广州市可持续力发展情况如表 7—3、图 7—13 所示。

表 7—3　　　　　　　　　　广州市可持续力发展

年份	2006	2007	2008	2009	2010	2011	2012	2013	2014	2015
可持续力	0.0978	0.0798	0.1750	0.1824	0.2554	0.3104	0.3105	0.3338	0.2535	0.3076

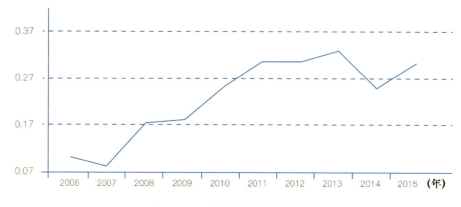

图 7—13　广州市可持续力发展

根据图 7—13 所示，广州市可持续力从 2006 年到 2015 年总体呈上升趋势。截止到 2015 年，广州市的可持续力经历 10 年发展，从 2006 年的 0.0978 上升至 0.3067。但关注总体走势，可发现广州可持续力在 2013—2014 年时间段内出现了一定程度的波动。由此，本报告做出 2006—2015 年内经济、社会和资源环境三个子系统的发展图示，以深入分析上述两个时间段内广州市可持续力呈现如此波动的原因。

从图 7—14 中可明显看出，在 2013—2014 年，资源环境子系统的较大程度的波动是造成该时间段内可持续力波动的主要原因。由此分析结果，本报告对各子系统指标数值进行标准化，并通过雷达图的形式，更进一步挖掘造成广州市可持续力波动的原因（见图7—15）。

图7—14　广州市经济、社会、资源环境子系统发展情况

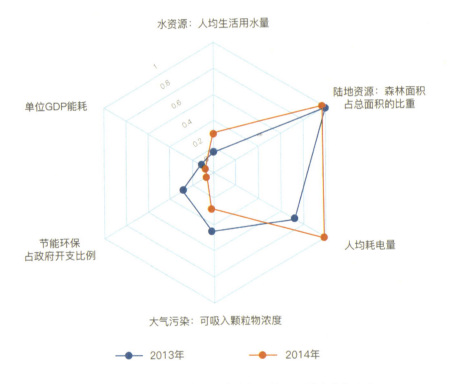

图7—15　2013—2014年广州市资源环境子系统各指标变化

2013—2014年广州市人均耗电量的指标数值增加和节能环保支出占政府开支比例的指标数值减少是造成当年资源环境子系统有序度显著降低的重要原因。其

中，2014年人均耗电量的显著增加意味着广州市能源利用情况不佳，产业结构升级不够快速，以至于高效率低能耗企业较少；而节能环保支出占比的减少则意味着广州市政府当年对节能环保的宣传推广工作有待进一步提升。

2. 深圳市可持续力量化结果分析

以2005年为基期计算得出的2006—2015年深圳市可持续力发展情况如表7—4、图7—16所示。

表7—4　　　　　　　　　　　　　深圳市可持续力发展

年份	2006	2007	2008	2009	2010	2011	2012	2013	2014	2015
可持续力	0.0663	−0.1631	0.1155	0.2016	0.2420	0.2699	0.2890	0.3030	0.2972	0.2423

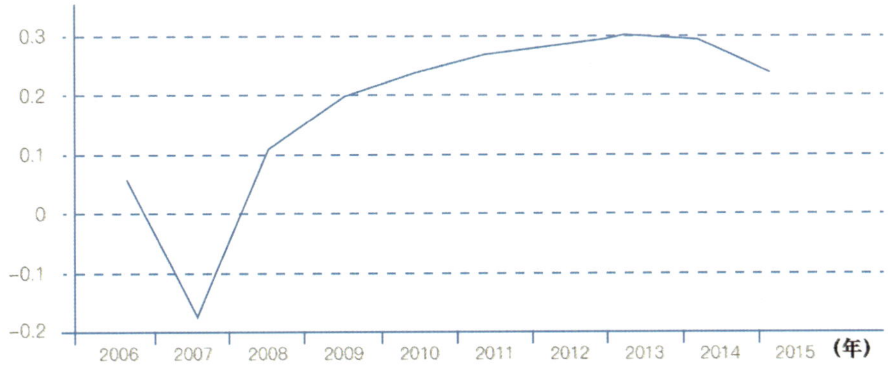

图7—16　深圳市可持续力发展

根据图7—16所示，深圳市可持续力从2006年到2015年总体呈上升趋势。相较于2006年，深圳市的可持续力经历10年发展，在2015年已经上升至0.2423。值得注意的是，深圳市可持续力在2006—2007年时间段内出现了较大程度的波动，而在2014—2015年时间段内出现了一定程度的波动。由此，本报告做出2006—2015年内经济、社会和资源环境三个子系统的发展图示，以深入分析上述两个时间段内深圳市可持续力呈现如此波动的原因。

从图7—17中可明显看出，在2006—2007年内，资源环境子系统较大程度的变动是造成该时间段内可持续力波动的主要原因。而在2014—2015年，深圳市社会子系统的波动造成了该时间段内可持续力的波动。由此分析结果，本报告对各子系统指标数值进行标准化，并通过雷达图的形式，更进一步挖掘造成深圳市可持续力波动的原因。

图 7—17　深圳市经济、社会、资源环境子系统发展情况

从图 7—18 可清晰地看出，人均耗电量和人均生活用水量的增加以及节能环保支出占政府开支比例的减少是导致 2006—2007 年深圳市资源环境子系统有序度降低的主要原因。从上述三个指标的变化可以看出当年深圳市虽然经济发展迅速，但是仍然面临人们的节水意识淡薄、地区高附加值产业不发达、生产效益低下、政府对环境保护措施不够完善等情况。

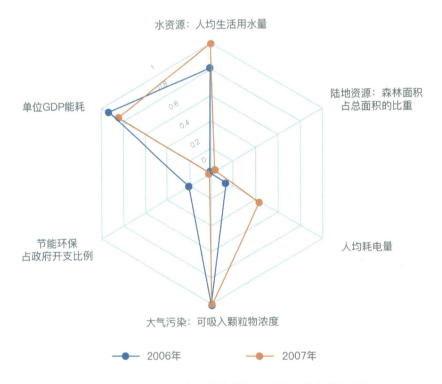

图 7—18　2006—2007 年深圳市资源环境子系统各指标变化

由图7—19可知，造成2014—2015年深圳市社会子系统有序度下降的主要原因是2015年深圳市教育开支占政府总开支比重的大幅下降。教育开支占政府总开支比重是从政府的角度展现该地区对基础教育的重视程度，该指标数值的大幅下降表明该年深圳市政府对基础教育发展的重视程度不足。

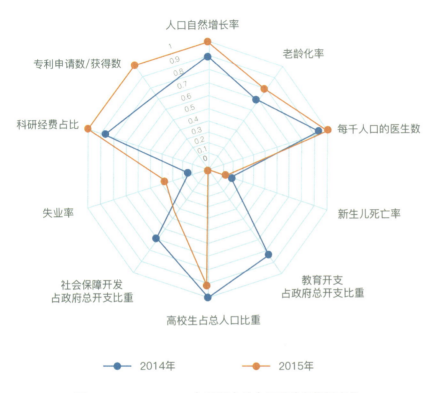

图7—19　2014—2015年深圳市社会子系统各指标变化

3. 珠海市可持续力量化结果分析

以2005年为基期计算得出的2006—2015年珠海市可持续力发展情况如表7—5、图7—20所示。

根据图7—20，珠海市可持续力从2006年到2015年整体波动较大。在2006—2007年，珠海市可持续力一度跌为负值。在2013—2015年，珠海市可持续力也出现了较大程度的下降。由此，本报告做出2006—2015年内经济、社会和资源环境三个子系统的发展图示，以深入分析上述两个时间段内珠海市可持续力呈现如此波动的原因。

由图7—21所示，2006—2007年，资源环境子系统较大程度的变动是造成该时间段内珠海市可持续力波动的主要原因。而在2013—2015年，珠海市社会和资源环境子系统的波动造成了该时间段内可持续力的波动。由此分析结果，本报

表 7—5   珠海市可持续力发展

年份	2006	2007	2008	2009	2010	2011	2012	2013	2014	2015
可持续力	0.0919	−0.1724	−0.1458	0.1236	0.2610	0.2859	0.2364	0.2261	−0.0906	−0.2307

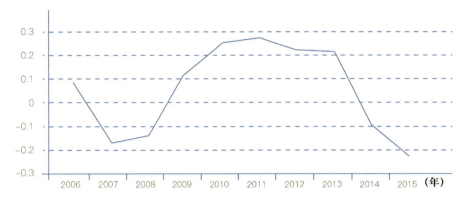

图 7—20   珠海市可持续力发展

告对各子系统指标数值进行标准化，并通过雷达图的形式，更进一步挖掘造成珠海市可持续力波动的原因。

图 7—21   珠海市经济、社会、资源环境子系统发展情况

　　根据图 7—22 所示，相较 2006 年，珠海市 2007 年可吸入颗粒物浓度显著增加，节能环保支出占政府开支比例也有一定程度的减少。这意味着 2007 年珠海市政府在整治污染、改善空气质量方面力度不够，要建设生态文明新珠海，控制大气污染、减少空气可吸入颗粒物浓度的工作必不可少。

　　从 2013—2015 年珠海市社会子系统各指标变化程度来看（见图 7—23），教育开支占政府总开支比重的显著减少和老龄化率显著增加是 2015 年珠海市社会子系统有序度显著降低的主要原因。虽然珠海市学龄儿童净入学率、小学毕业生

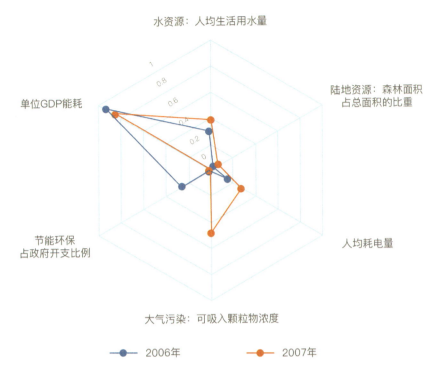

水资源：人均生活用水量

陆地资源：森林面积
占总面积的比重

单位GDP能耗

人均耗电量

节能环保
占政府开支比例

大气污染：可吸入颗粒物浓度

●—— 2006年　　　　　●—— 2007年

图7—22　2006—2007年珠海市资源环境子系统各指标变化

升学率均达95%以上，初中毕业生升学率达98%，其初等教育普及程度较高，但根据2015年粤港澳大湾区教育开支占政府总开支比重的排名，发现相较于2014年，珠海市的排名从原来的第七名下降到第十名，说明2015年珠海市的基础教育重视程度有所下降。除此之外，随着广东省进入老龄化社会，珠海市"银发浪潮"的袭来也必不可免，2015年珠海市老龄化率的显著增加也意味着珠海市社会养老负担的日益加重。

相对于2013年，2015年珠海市资源环境子系统的各指标变化颇大（见图7—24），有正向影响也有负向影响，其中，节能环保开支占政府开支比例的减小、人均生活用水量和人均耗电量的增大给珠海市环境带来的负向影响大于其森林面积占总面积比重的增加和可吸入颗粒物浓度的减少带来的正向影响。上述三个负向影响指标的变化说明珠海市2015年在环境保护的宣传、推广和监管方面的投入有显著下降，以至于2015年珠海居民节水意识淡薄和电力资源的消耗量增大。

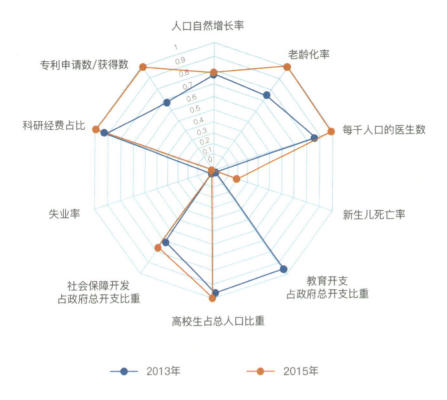

图7—23　2013—2015年珠海市社会子系统各指标变化

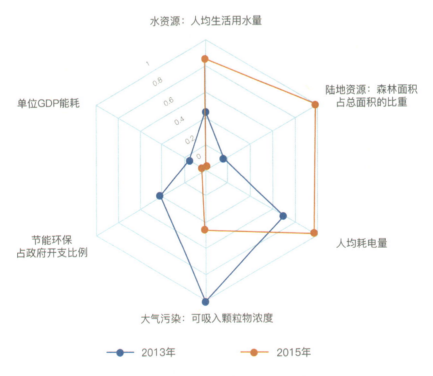

图7—24　2013—2015年珠海市资源环境子系统各指标变化

4. 佛山市可持续力量化结果分析

以 2005 年为基期计算得出的 2006—2015 年佛山市可持续力发展情况如表 7—6、图 7—25 所示。

表 7—6　　　　　　　　　　　　佛山市可持续力发展情况

年份	2006	2007	2008	2009	2010	2011	2012	2013	2014	2015
可持续力	－0.0990	－0.1828	－0.0932	0.1842	0.2814	0.2357	0.1850	0.0929	0.1401	0.1154

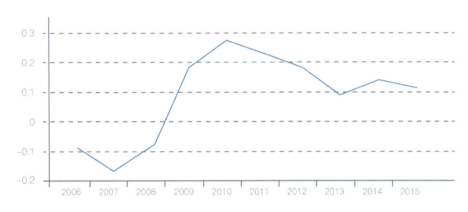

图 7—25　佛山市可持续力发展情况

如图 7—25 所示，佛山市可持续力从 2006 年到 2015 年整体波动较大。在 2006—2007 年，佛山市可持续力处于负值水平。在 2010—2013 年，佛山市可持续力也出现了一定程度的下降。由此，本报告做出 2006—2015 年经济、社会和资源环境三个子系统的发展图示，以深入分析上述两个时间段内佛山市可持续力呈现如此波动的原因。

如图 7—26 所示，2006—2007 年时间段内，资源环境子系统的负向变动和经济、社会的正向变动不和谐是造成该时间段内佛山市可持续力下降的主要原因。而在 2010—2013 年时间段内，佛山市社会和资源环境子系统的减少造成了该时间段内可持续力的下跌。由此分析结果，本报告对各子系统指标数值进行标准化，并通过雷达图的形式，更进一步挖掘造成佛山市可持续力波动的原因。

佛山市在 2006—2007 年资源环境子系统的有序度下降是因为其人均耗电量的增加（见图 7—27）。而该指标数值的增加意味着佛山市在 2007 年能源消耗量较 2006 年高，且能源利用效率降低，因此，佛山市节能减排工作还有进一步落实的空间。

图7—26 佛山市经济、社会、资源环境子系统发展情况

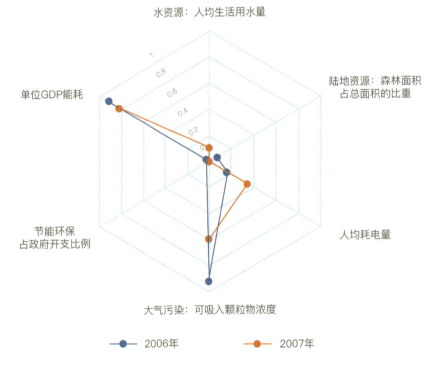

图7—27 2006—2007年佛山市资源环境子系统各指标变化

由图7—28可得，2013年佛山市资源环境子系统各指标数值相较2010年变化显著。2013年佛山市人均生活用水量、人均耗电量和可吸入颗粒物浓度显著上升，而节能环保支出占政府开支比例下降显著。其中，资源能源消耗量及空气质量指标的恶化说明佛山资源环境所承受的压力在2013年并没有得到有效缓解；而节能环保支出在政府开支中的占比下降则说明在政府层面上，佛山市的环境监察能力建设水平不够、环境宣教活动力度较弱，佛山市政府仍需大力建设生态文明社会。

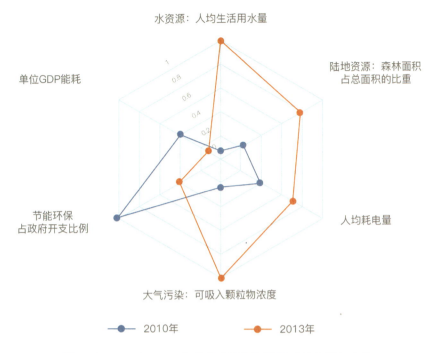

图7—28　2010—2013年佛山市资源环境子系统各指标变化

5. 江门市可持续力量化结果分析

以2005年为基期计算得出的2006—2015年江门市可持续力发展情况如表7—7、图7—29所示。

表7—7　　　　　　　　　　　江门市可持续力发展

年份	2006	2007	2008	2009	2010	2011	2012	2013	2014	2015
可持续力	0.0556	0.0599	0.1935	0.1776	0.2895	0.3373	0.3253	0.3746	0.3464	0.3264

图7—29　江门市可持续力发展

由图7—29可知，截止到2015年，江门市可持续力为0.3264，相较于2006年的0.0556，上升明显。从趋势上看，江门市2007—2010年可持续力增长幅度较别的年份增长更为明显。为此，本报告做出 2006—2015 年经济、社会和资源环境三个子系统的发展图示，以深入分析该时间段内江门市可持续力快速上升的原因。

从图 7—30 中可明显看出，使得江门市 2007—2010 年可持续力快速增长的主要原因是该时间段内资源环境子系统增长快速。因此，本报告对资源环境子系统指标数值进行标准化，并通过雷达图的形式，更进一步挖掘造成江门市可持续力快速增长的原因。

图 7—30　江门市经济、社会、资源环境子系统发展情况

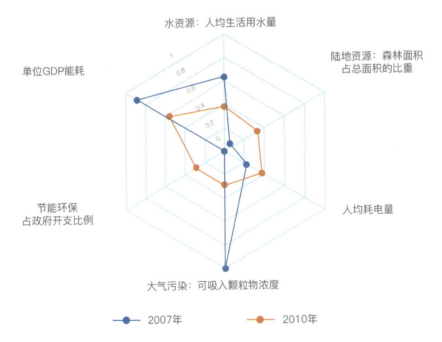

图 7—31　2007—2010 年江门市资源环境子系统各指标变化

从图7—31中可清晰看出，在江门市资源环境子系统中，可吸入颗粒物浓度的显著升高是造成2010年资源环境子系统有序度显著下降的重要原因。根据江门市环保局出台的报告可知，江门市大气污染压力增大一定程度上可归因于当地高污染燃料锅炉项目的存在和落后水泥企业的产能过剩。因此，减少高污染燃料锅炉项目、关停落后水泥企业，加快产业结构升级，才能有效缓解江门市的大气污染。

6. 肇庆市可持续力量化结果分析

以2005年为基期计算得出的2006—2015年肇庆市可持续力发展情况如表7—8、图7—32所示。

表7—8　　　　　　　　　　　肇庆市可持续力发展

年份	2006	2007	2008	2009	2010	2011	2012	2013	2014	2015
可持续力	0.0062	0.0279	0.1379	0.1540	−0.1617	0.1754	0.2089	0.2401	0.3089	0.3228

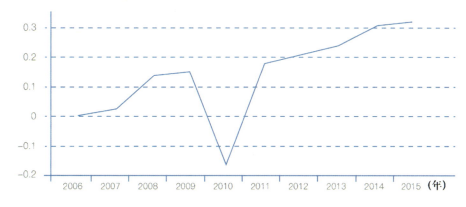

图7—32　肇庆市可持续力发展

根据图7—32所示，肇庆市可持续力从2006年至2015年整体呈上升趋势，仅在2009—2010年有较为明显的下降趋势。为此，本报告将研究肇庆市2006—2015年内经济、社会和资源环境三个子系统的发展图示，以深入分析2009—2010年肇庆市可持续力呈现如此波动的原因。

由图7—33所示，2009—2010年，主要是肇庆市资源环境子系统较大程度的变动才造成了该时间段内可持续力的波动。根据上述分析结果，本报告对2009—2010年肇庆市资源环境子系统指标数值进行标准化，并通过雷达图的形式，更进一步分析造成肇庆市可持续力波动的原因。

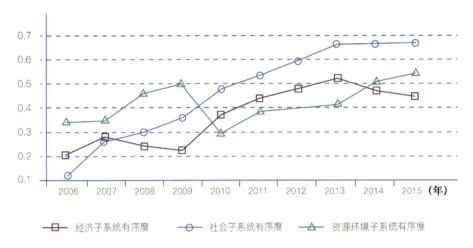

图7—33　肇庆市经济、社会、资源环境子系统发展情况

　　根据图7—34可知，节能环保支出占政府开支比例的大幅下降是造成2010年肇庆市资源环境子系统有序度显著降低的主要原因。众所周知，政府节能环保

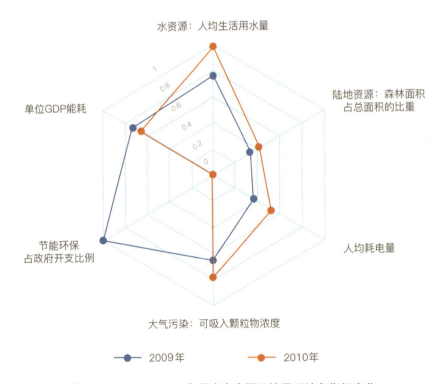

图7—34　2009—2010年肇庆市资源环境子系统各指标变化

支出意味着当年政府对环境保护和能源节约的重视程度。节能环保支出越高，说明政府对当地资源环境的监管投入越多，越有助于资源环境与经济社会的协调可持续。

7. 惠州市可持续力量化结果分析

以 2005 年为基期计算得出的 2006—2015 年惠州市可持续力发展情况如表 7—9、图 7—35 所示。

表 7—9　　　　　　　　　　惠州市可持续力发展情况

年份	2006	2007	2008	2009	2010	2011	2012	2013	2014	2015
可持续力	-0.0175	-0.1352	-0.1088	0.1039	0.1556	0.1843	0.2140	0.2978	-0.2102	-0.2104

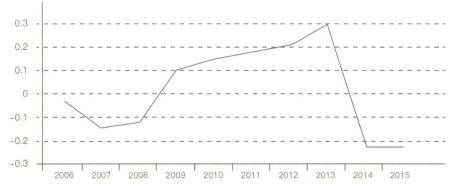

图 7—35　惠州市可持续力发展情况

根据图 7—35 所示，惠州市可持续力从 2006 年到 2013 年呈显著上升趋势，从 -0.0175 上升至 0.2978，但从 2013 年到 2014 年却出现跳水式下降，从 0.2978 跌至 -0.2102。由此，本报告从惠州市 2013—2014 年经济、社会和资源环境三个子系统的发展进行分析，探索该时间段内惠州市可持续力出现跳水式下跌的原因。

从图 7—36 可以看出，2013—2014 年造成可持续力呈现跳水式下降的主要原因为资源环境子系统有序度的下降。为此，本报告对 2013—2014 年资源环境子系统的指标数值进行标准化，并通过雷达图的形式，进一步挖掘造成惠州市可持续力波动的原因。

117

图 7—36　惠州市经济、社会、资源环境子系统发展情况

　　由图 7—37 所示，节能环保支出占政府开支比例的大幅下降是造成 2014 年惠州市资源环境子系统有序度显著降低的主要原因。2014 年惠州市节能环保支出占政府开支比例的下降意味着当年惠州市政府在环境保护和能源节约方面投入的不足。发展绿色经济是政府职责所在，加大宣传力度和监管投入，才能创建环境友好型和资源节约型的惠州。

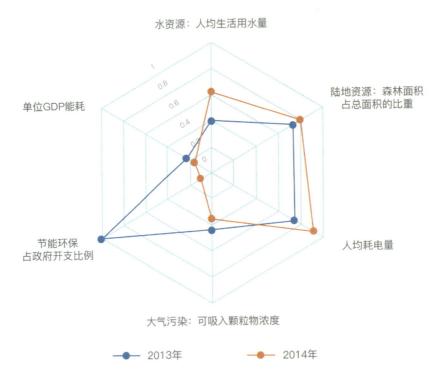

图 7—37　2013—2014 年惠州市资源环境子系统各指标变化

8. 东莞市可持续力量化结果分析

以 2005 年为基期计算得出的 2006—2015 年东莞市可持续力发展情况如表 7—10、图 7—38 所示。

根据图 7—38 所示，东莞市可持续力从 2006 年到 2015 年呈显著上升趋势，尤其在 2008—2009 年，可持续力更是从 − 0.1907 上升至 0.2002。根据以上现象，本报告从东莞市 2008—2009 年的经济、社会和资源环境三个子系统出发，了解该时间段内东莞市可持续力上升幅度如此大的原因。

表 7—10 　　　　　　　　　　　 东莞市可持续力发展

年份	2006	2007	2008	2009	2010	2011	2012	2013	2014	2015
可持续力	− 0.0690	− 0.0115	− 0.1907	0.2002	0.2888	0.2405	0.2753	0.2831	0.3080	0.3824

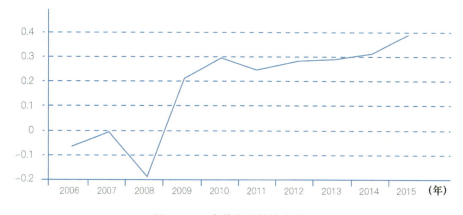

图 7—38　东莞市可持续力发展

从图 7—39 中可以看出，导致 2008—2009 年东莞市可持续力大幅上升的原因主要是资源环境子系统有序度的大幅度上升。为此，本报告对 2008—2009 年资源环境子系统的指标数值进行标准化，并通过雷达图的形式，进一步挖掘造成东莞市可持续力波动的原因。

2008—2009 年东莞市在资源利用、能源节约、大气污染和环保支出方面均表现良好，因此实现了该年资源环境子系统有序度的大幅攀升（见图 7—40）。在 2009 年，东莞市政府加大产业结构转型和环保投入，强化污染企业监管，推广清洁能源，以确保完成"十一五"节能减排任务。

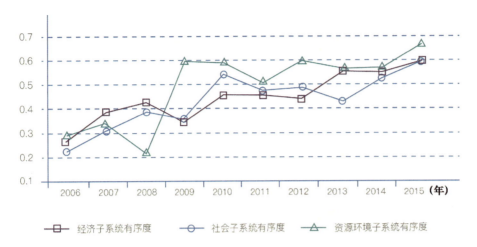

图 7—39　东莞市经济、社会、资源环境子系统发展情况

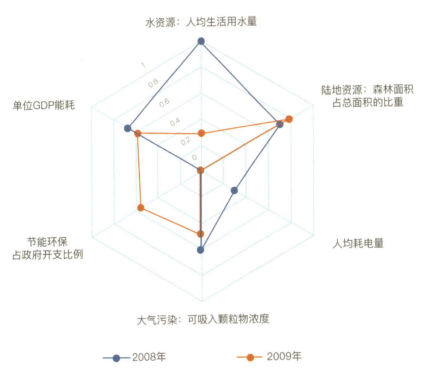

图 7—40　2008—2009 年东莞市资源环境子系统各指标变化

9. 中山市可持续力量化结果分析

以 2005 年为基期计算得出的 2006—2015 年中山市可持续力发展情况如表 7—11、图 7—41 所示。

根据图 7—41 所示，中山市从 2006 年到 2015 年可持续力呈显著上升趋势，相对于 2010—2015 年的平稳增长态势，2008—2010 年中山市的可持续力经历了一个快速上升阶段。为了探索该时间段中山市可持续力快速上升的原因，本报告从2008—2010年经济、社会和资源环境三个子系统有序度方面进行研究。

表7—11　　　　　　　　　　中山市可持续力发展

年份	2006	2007	2008	2009	2010	2011	2012	2013	2014	2015
可持续力	0.0539	0.1123	0.0607	0.1434	0.2508	0.2875	0.3214	0.3065	0.3327	0.3272

图7—41　中山市可持续力发展

导致中山市2008—2010年可持续力大幅增长的主要原因是2009—2010年经济子系统有序度大幅上升、2008—2010年社会子系统有序度显著上升和2008—2009年资源环境子系统有序度大幅上升（见图7—42）。本报告对这三个阶段的具体指标数值进行标准化，并通过雷达图的形式，进一步挖掘其中原因。

从图7—43中可清晰地看出，中山市2009—2010年经济子系统各项指标值均有不同程度的提升。《中山市2011年政府报告》中指出，面对2008年严峻的

图7—42　中山市经济、社会、资源环境子系统发展情况

全球金融危机，中山市调整优化产业结构，加快经济发展方式转变，加强基础设施建设，从而有效地应对了国际金融危机，在 2010 年实现了经济综合实力的显著增强。[①]

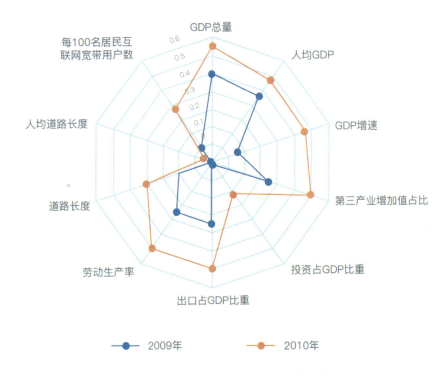

图 7—43　2009—2010 年中山市经济子系统各指标变化

2008—2010 年，中山市老龄化率和新生儿死亡率的下降是使得当年社会子系统有序度上升的重要原因（见图 7—44）。其中，老龄化率提高会导致地区进入老龄化社会，不仅会增加社会养老负担，还不利于当地经济的发展，而 2010 年中山市老龄化率的显著下降，意味着中山市当年的养老压力得到缓解；新生儿死亡率是衡量当地卫生系统的重要指标之一，新生儿死亡率的显著下降标志着中山市 2010 年妇幼保健工作的完善及卫生服务水平的提高。

从图 7—45 中可清晰地看出，中山市 2008—2009 年资源环境子系统中可吸入颗粒物浓度有较大幅度的减少。大气污染的有效缓解得益于中山市在整治污染、推广新能源方面的一系列措施，比如大力推进节能减排问责制和完成大气环境在线监控系统建设等。

① 中山市政府工作报告，2016 年，http：//district. ce. cn/newarea/roll/201602/01/t20160201_8675770. shtml。

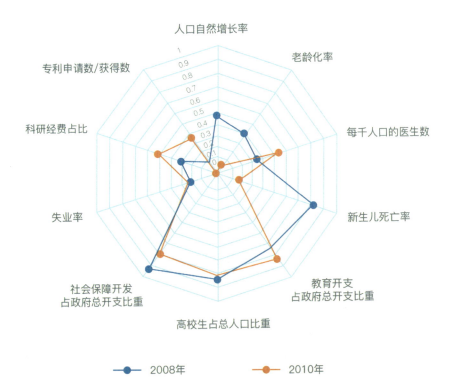

图 7—44　2008—2010 年中山市社会子系统各指标变化

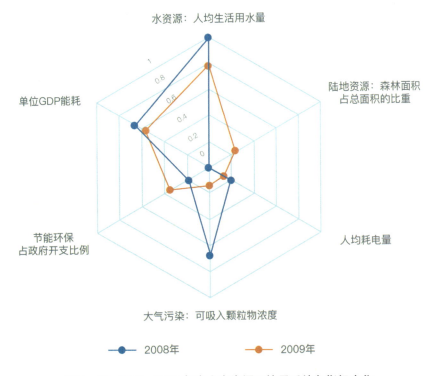

图 7—45　2008—2009 年中山市资源环境子系统各指标变化

五 粤港澳大湾区城市可持续发展现状对比分析

从 2015 年粤港澳大湾区可持续力排名图来看（见图 7—46），东莞以 0.3824 高居第一，第二和第三位分别为中山、江门。排在后三位的城市分别是佛山、惠州以及珠海，其中，惠州和珠海的可持续力为负值，表明两市的经济、社会、资源环境的发展极度不协调。

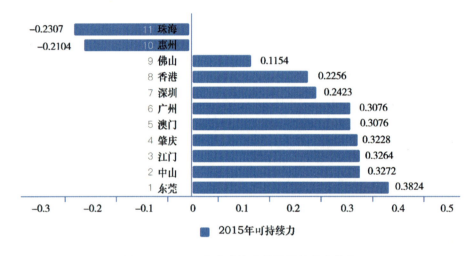

图 7—46　2015 年粤港澳大湾区可持续力排名

2015 年东莞排名首位，可见其可持续发展总体表现良好。在可持续发展指标体系中，东莞市有两项指标表现最为突出，分别为教育支出占政府财政支出比重和出口总额占 GDP 比重。东莞市以 22.5% 的教育支出占政府财政比重在粤港澳大湾区 11 个城市中排名第一。东莞市一直以来十分重视教育的发展。自 1996 年起，东莞就提出了成为教育强市的目标；2005 年，东莞把优先发展教育、创建广东省教育强市列入十项民心工程；2010—2014 年，东莞市政府连续 5 年安排 1000 万元专项基金，设立东莞市民办学校扶持专项基金，改善东莞市民办教育。同时，东莞市在出口总额占 GDP 比重指标统计上排名第二，仅次于香港。作为广东省具有开放型经济特点的城市，东莞积极推动产业转型升级工作，促进外贸多元化，提升出口产品竞争力。2014—2015 年期间，东莞成功举办海博会等大型展会，开辟了广东及东莞与沿线国家交流合作的重要平台。

中山以 0.3272 的可持续力在 11 个城市中排名第二，仅次于东莞。其中，中山市人均用水量远远低于粤港澳大湾区其他城市，稳居人均用水量指标排名第一名。自 2011 年年底和 2012 年年初，广东省出台《广东省最严格水资源管理制度实施方案》、《广东省实行最严格水资源管理制度考核暂行办法》以来，中山市按照"节水优先、保护水资源、改善水环境"的治水思路，严抓"三条红线"控制，强化节水措施，提高用水效率，节水工作取得明显成绩。同时，2015 年中山市的老龄化率仅为 5.5%，低于粤港澳大湾区其他城市。近年来，中山市积极应对城市老龄化问题，探索公办养老机构社会化转型。2013 年起，中山市连续三年将居家养老服务中心建设纳入"十项民生实事"，至 2014 年年底，市财政累计投入资金 487 万元，共建成 13 家居家养老服务中心。

2015 年，江门市的可持续力为 0.3264，在粤港澳大湾区排名第三。在可持续指标体系中，江门市的多项指标均名列前茅。其中，2015 年，江门市的社会保障支出占政府总支出的 14.14%，在该项指标统计上排名第二位。江门市社保体系正日趋完善，社会保障金的覆盖面不断扩大，社会保障基础设施日益完善，截止到 2014 年年底，江门市共有社会福利院 6 家、敬老院 69 家、社区服务设施 3262 个。此外，江门市教育支出占政府支出的比重仅次于东莞市，排名第二。在教育方面，江门市坚持教育优先原则，积极巩固城市义务教育的均衡发展，改善义务教育阶段学位不足状况，鼓励扶持优质民办教育，推动教育优质均衡发展，积极推进校企深度合作，推动校企共建生产性实训基地。2014 年年底，江门市基本建立了普惠性学前教育体系。

六　小结

本章运用复合系统，将粤港澳大湾区可持续发展指标体系视为一个系统，考虑系统内部社会、经济和资源环境三个子系统的动态影响，以 2005 年为基期，定量计算粤港澳大湾区 11 个城市 2006—2015 年可持续力。首先，本章按照时间序列分别对每个城市的可持续力折线图和雷达图依次进行分析，找出影响该城市可持续力变动的主要因素（逻辑思路见图 7—47）。

其次，本章按照空间分布对粤港澳大湾区 2015 年可持续力进行对比分析，以找出在 2015 年可持续发展良好的前三位城市。研究结果如下所示。

第一，造成香港地区可持续力变化的主要因素是经济的波动和社会的动荡，而造成澳门地区可持续力变化的因素涵盖了经济、社会和资源环境三个子系统，国际经济形势严峻、博彩业进入发展瓶颈、创新能力不足和资源不能有效利用均

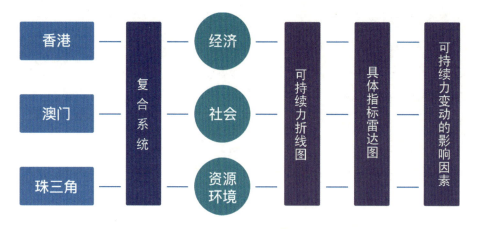

图7—47　第七章逻辑思路

对澳门地区可持续力产生了影响。对于珠三角9个城市来说，资源环境的变动是造成地区可持续力变动的主要因素，因此创建生态文明城市能够显著改善珠三角地区可持续发展能力。

第二，根据2015年粤港澳大湾区城市可持续力的对比分析可知，东莞以0.3824高居第一，第二和第三位分别为中山、江门。

预测展望

第八章 粤港澳大湾区可持续发展：
预测方法与政策建议

一 粤港澳大湾区未来 5 年可持续发展预测体系

（一）组合预测法

尽管目前的预测方法很多，但它们都存在着一定的局限性，在实际应用中只采用单一的预测方法难以获得较为满意的预测结果。组合预测是指利用两种以上的预测模型对同一问题进行预测，然后对各个模型进行综合，形成组合模型。组合的主要目的是综合利用各种预测样本信息，尽可能地提高预测精度（丁咏梅，2005）。

目前，主流的预测方法包括线性回归分析、灰色预测、时间序列、马尔可夫链以及神经网络等。考虑到线性回归预测精度较低，而马尔可夫链预测属于区间预测，无法给出唯一的预测值，因此，本报告选用灰色预测、ARMA 和 Elman 神经网络来进行粤港澳未来 5 年的可持续力预测。

本报告采用等权组合预测法，对灰色预测、ARMA、Elman 神经网络三种预测模型分别赋予相同的权重。组合预测模型为：

$$Y = \frac{1}{3} * \widehat{Y}_1 + \frac{1}{3} * \widehat{Y}_2 + \frac{1}{3} * \widehat{Y}_3$$

其中 $\widehat{Y}_1$、$\widehat{Y}_2$、$\widehat{Y}_3$ 分别为灰色预测、ARMA 和 Elman 神经网络的预测序列。

（二）灰色预测

灰色预测是指对既含有已知信息，又含有未知信息的系统进行预测，就是对在一定范围内变化的，与时间有关的灰色过程进行预测。灰色预测模型具有所需信息量少、运算方便、建模精度较高等优点。常见的灰色预测模型有 GM（1，1）模型和 GM（1，n）模型。本报告选用的是 GM（1，1）模型。

1. 建立 GM（1，1）模型

为了弱化原始时间序列的随机性，在建立灰色预测模型之前，需先对原始时间序列进行数据处理，经过数据处理后的时间序列称为生成列，主要有累加生成列和累减生成列。

设原始序列为：

$$X^{(0)} = [X^{(0)}(1), X^{(0)}(2), \cdots, X^{(0)}(n)]$$

通过累加生成新序列：

$$X^{(1)} = [X^{(1)}(1), X^{(1)}(2), \cdots, X^{(1)}(n)]$$

令 $Z^{(1)}$ 为 $X^{(1)}$ 的紧邻均值生成序列：

$$Z^{(1)} = [Z^{(1)}(2), Z^{(1)}(3), \cdots, Z^{(1)}(n)]$$

$$Z^{(1)}(k) = \frac{1}{2}(X^{(1)}(k-1) + X^{(1)}(k))$$

则 GM（1，1）的灰微分方程模型为：

$$X^{(0)}(k) + a Z^{(1)}(k) = b$$

其中，a 称为发展灰数，b 称为内生控制灰数。

接着建立灰微分方程的白化方程：

$$\frac{d X^{(1)}}{dt} + a X^{(1)} = b$$

利用最小二乘法求解参数 a，b：

$$\beta = \begin{pmatrix} a \\ b \end{pmatrix} = (B^T B)^{-1} B^T Y$$

其中：

$$B = \begin{pmatrix} -Z^{(1)}(2) & 1 \\ -Z^{(1)}(3) & 1 \\ \vdots & \vdots \\ -Z^{(1)}(n) & 1 \end{pmatrix}, \quad Y = \begin{pmatrix} X^{(0)}(2) \\ X^{(0)}(3) \\ \vdots \\ X^{(0)}(n) \end{pmatrix}$$

则 $X^{(1)}$ 的灰色预测 GM（1，1）模型为：

$$\widehat{X}^{(1)}(k+1) = \left[X^{(0)}(1) - \frac{b}{a}\right]e^{-ak} + \frac{b}{a}$$

累减后的预测方程为：

$$\widehat{X}^{(0)}(k+1) = \widehat{X}^{(1)}(k+1) - \widehat{X}^{(1)}(k)$$

2. GM（1，1）检验

建模的目的是预测，为了保证预测精度，我们需要对模型进行检验。灰色预测检验一般分为残差检验、关联度检验和后验差检验。

（1）残差检验。残差检验是对模型预测还原值与实际值的残差进行检验。

构造平均相对残差数列：

$$\bar{\phi} = \frac{1}{n} * \sum_{i=1}^{n} \frac{\Delta^{(0)}(i)}{X^{(0)}(i)}, \text{ 其中 } \Delta^{(0)}(i) = |X^{(0)}(i) - \hat{X}^{(0)}(i)|$$

当 $\bar{\phi} < 0.1$ 且 $\frac{\Delta^{(0)}(n)}{X^{(0)}(n)} < 0.1$ 成立时，称模型为残差合格模型。

（2）关联度检验。关联度检验是指通过考察模型值曲线与建模序列曲线的相似程度进行检验。

计算 X_i 与 X_0 的关联度。根据经验，当 $\lambda = 0.5$ 时，关联度大于 0.6 即可。

（3）后验差检验。对残差分布的统计特性进行检验。

计算原始序列标准差：$S_1 = \sqrt{\dfrac{\sum [x^{(0)}(i) - \bar{x}^{(0)}(i)]^2}{n-1}}$

计算绝对误差序列标准差：$S_2 = \sqrt{\dfrac{\sum [\Delta^{(0)}(i) - \bar{\Delta}^{(0)}]^2}{n-1}}$

计算方差比：$C = \dfrac{S_1}{S_2}$

计算小误差概率：$p = P(|\Delta^{(0)}(i) - \bar{\Delta}^{(0)}| < 0.6745 S_1)$

当 $C < 0.65$ 时，称模型为均方差比合格模型。当 $p > 0.7$ 时，称模型为小残差概率合格模型。

3. 尾部数列 GM（1，1）修正模型

如果建立的 GM（1，1）模型在进行检验时不合格，并发现自某一项之后计算值明显比实际值偏大或偏小，可以对原始数列的后半部分（计算值明显比实际值偏大或偏小的部分）重新建立 GM（1，1）模型，然后还原求得预测模型，这种方法所得模型称为尾部数列 GM（1，1）修正模型。其效果较好，具有明显的实践意义和较高的实用价值，更充分体现了灰色建模的优越性（杨德平，2012）。

4. GM（1，1）模型应用实例

在第六章中我们已经运用复合系统对各地区的可持续力及其子系统有序度进行了量化，本节以香港地区经济子系统有序度为例（见表 8—1），介绍如何使用 GM（1，1）模型进行预测。

表 8—1   **香港 2005—2015 年经济子系统有序度**

年份	2006	2007	2008	2009	2010	2011	2012	2013	2014	2015
有序度	0.3964	0.4475	0.4284	0.2903	0.5755	0.5948	0.5663	0.5831	0.5916	0.5395

我们运用 matlab 软件建立 GM（1，1）模型，对表 8—1 中的经济子系统有序度进行预测，解得发展灰数 $a = -0.0446$，内生控制灰数 $b = 0.3995$。则灰色预测 GM（1，1）模型为：

$$\widehat{X}^{(1)}(k+1) = \left[X^{(0)}(1) + \frac{0.3995}{0.0446}\right]e^{0.0446*k} - \frac{0.3995}{0.0446}$$

接下来对该模型进行检验，其中，平均相对残差 $\bar{\phi} = 0.1237 > 0.1$，$\frac{\Delta^{(0)}(n)}{X^{(0)}(n)} = 0.1297 > 0.1$，残差检验不通过；关联度 $r = 0.6953 > 0.6$，关联度检验通过；方差比 $C = 0.5124 < 0.65$，小误差概率 $p = 0.9 > 0.7$，后验比检验通过。

由于该 GM（1，1）模型残差检验不合格，我们选用尾部数列 GM（1，1）模型对其进行修正。我们列出 GM（1，1）模型计算值与实际值的相对残差（见表 8—2）。

表 8—2   **相对残差 q（k）**

k	1	2	3	4	5	6	7	8	9	10
q（k）	0	0.467	−0.0412	−0.6066	0.1526	0.1427	0.0585	0.044	0.0147	−0.1297

我们注意到，自 k 从 5 开始以后，相对残差 q（k）几乎都是负数，说明 5—9 这段时间内，原模型计算值偏大了。为了提高预测精度，我们使用尾部数列 GM（1，1）修正模型，对原始数列 $\{X^{(0)}(k)\}$ 的后六个数据应用 GM（1，1）建模方法，求得的模型 GM（1，1）为：

$$\widehat{X}^{(1)}(k+1) = \left[X^{(0)}(1) - \frac{0.6049}{0.0147}\right]e^{-0.0147*k} + \frac{0.6049}{0.0147}$$

再对该模型进行检验，其中，平均相对残差 $\bar{\phi} = 0.021 < 0.1$，$\frac{\Delta^{(0)}(n)}{X^{(0)}(n)} = 0.0348 < 0.1$，残差检验通过；关联度 $r = 0.6$，关联度检验通过；方差比 $C = 0.4853 < 0.65$，小误差概率 $p = 1 > 0.7$，后验比检验通过。因此，该 GM（1，1）模型检验合格，所求得的预测序列如表 8—3 所示。

表 8—3　　　　　　　　　　香港 2016—2020 年经济子系统有序度预测值

年份	2016	2017	2018	2019	2020
有序度	0.5501	0.5421	0.5342	0.5264	0.5187

（三）ARMA 模型

时间序列预测是指将预测目标随时间推移而形成的序列视为随机序列，然后分析它随时间变化的趋势，并建立数学模型进行外推的定量预测方法。

1. ARMA 模型的基本形式

ARMA（p，q）模型可以分为三种基本形式：自回归模型 AR（p）、移动平均模型 MA（q）、自回归移动平均模型 ARMA（p，q）。

（1）自回归模型 AR（p）。

如果时间序列 $\{X_n\}$ 满足：$X_n = \phi_1 X_{n-1} + \cdots + \phi_p X_{n-p} + \varepsilon_n$，且 $\{\varepsilon_n\}$ 是白噪声序列，则称时间序列 $\{X_n\}$ 服从 p 阶自回归模型 AR（p）。

（2）移动平均模型 MA（q）。

如果时间序列 $\{X_n\}$ 满足：$X_n = \varepsilon_n - \theta_1 \varepsilon_{n-1} - \cdots - \theta_q \varepsilon_{n-q}$，且 $\{\varepsilon_n\}$ 是白噪声序列，则称时间序列 $\{X_n\}$ 服从 q 阶移动平均模型 MA（q）。

（3）自回归移动平均模型 ARMA（p，q）。

如果时间序列 $\{X_n\}$ 满足：$X_n - \phi_1 X_{n-1} - \cdots - \phi_p X_{n-p} = \varepsilon_n - \theta_1 \varepsilon_{n-1} - \cdots - \theta_q \varepsilon_{n-q}$，则称时间序列 $\{X_n\}$ 服从（p，q）阶自回归移动平均模型 ARMA（p，q）。

2. ARMA 模型的相关性分析及识别

根据绘制的自相关分析图和偏相关分析图，利用自相关函数与偏相关函数的截尾性，可以初步识别时间序列的类型和阶数。

在初步识别模型后，使用 AIC 准则，最终确定模型的阶数。该准则将最小最终预报误差准则（FPE）推广到识别 ARMA 模型阶数，给出一种最小信息准则。一般而言，AIC 越小说明模型越好（杨德平，2012）。

3. ARMA 模型的预测

（1）AR（P）模型的预测公式：

$$\widehat{X}_k(1) = \phi_1 X_k + \phi_2 X_{k-1} \cdots + \phi_p X_{k-p+1}$$

$$\widehat{X}_k(2) = \phi_1 \widehat{X}_k(1) + \phi_2 X_k \cdots + \phi_p X_{k-p+2}$$

$$\vdots$$

$$\widehat{X}_k(p) = \phi_1 \widehat{X}_k(p-1) + \phi_2 \widehat{X}_k(p-2) \cdots + \phi_p X_k$$

$$\widehat{X}_k(l) = \phi_1 \widehat{X}_k(l-1) + \phi_2 \widehat{X}_k(l-2)\cdots + \phi_p \widehat{X}_k(l-p) \qquad l > p$$

将 $X_k, X_{k-1}, \cdots$ 换成样本值 $x_k, x_{k-1}, \cdots$ 即可求出预测值 $\widehat{X}_k(l)$。

（2）MA（q）模型的预测公式：

$$\widehat{X}_k(l) = \begin{cases} -\sum_{i=1}^{q} \theta_i \varepsilon_{k+l-i} & l \leq q \\ \\ 0 & l \geq q \end{cases}$$

若已知 $\widehat{X}_k(l)$ 和新获得的数据 x_{k+1}，则 $\widehat{X}_{k+1}(l)$ 的递推公式为：

$$\widehat{X}_{k+1} = \begin{pmatrix} \theta_1 & 1 & 0 & \cdots & 0 \\ \theta_2 & 0 & 1 & \cdots & 0 \\ \vdots & \vdots & \vdots & \ddots & \vdots \\ \theta_{q-1} & 0 & 0 & \cdots & 1 \\ \theta_q & 0 & 0 & \cdots & 0 \end{pmatrix} \widehat{X}_k + \begin{pmatrix} \theta_1 \\ \theta_2 \\ \vdots \\ \theta_q \end{pmatrix} x_{k+1}$$

式中，$\widehat{X}_k = (\widehat{X}_k(1), \widehat{X}_k(2), \cdots, \widehat{X}_k(l))^T; l = 1, 2, \cdots, q$。

（3）ARMA（p，q）模型的预测公式：

$$\widehat{X}_k(l) = \begin{cases} \widehat{X}_k(l) & l \geq 1 \\ \\ X_{k+l} & l \leq 0 \end{cases}$$

预测向量 $\widehat{X}_k = (\widehat{X}_k(1), \widehat{X}_k(2), \cdots, \widehat{X}_k(l))^T$，$l = 1, 2, \cdots, q$ 的递推公式为：

$$\widehat{X}_{k+1} = \begin{pmatrix} -G_1 & 1 & 0 & & \cdots & 0 \\ -G_2 & 0 & 1 & & \cdots & 0 \\ \vdots & & \vdots & \vdots & \cdots & \vdots \\ -G_{q-1} & 0 & 0 & & \cdots & 1 \\ -G_q + \phi_q^* & \phi_{q-1}^* & \phi_{q-2}^* & & \cdots & \phi_1^* \end{pmatrix} \widehat{X}_k + \begin{pmatrix} G_1 \\ G_2 \\ \vdots \\ G_{q-1} \\ G_q \end{pmatrix} x_{k+1} + \begin{pmatrix} 0 \\ 0 \\ \vdots \\ 0 \\ \sum_{j=q+1}^{p} \phi_j^* x_{k+q-j+1} \end{pmatrix}$$

$$\widehat{X}_{k+1} = \phi_1 \widehat{X}_{k+1}(l-1) + \phi_2 \widehat{X}_{k+1}(l-2) + \cdots + \phi_p \widehat{X}_{k+1}(l-p)(l > p)$$

其中：

$$G_l = \sum_{j=1}^{l} \phi_j^* G_{l-j} - \theta_l^* \qquad l = 1, 2, \cdots, q$$

$$\phi_j^* = \begin{cases} 0 & j > p \\ \phi_j & j \leq p \end{cases}, \qquad \theta_j^* = \begin{cases} 0 & j > p \\ \theta_j & j = 1, \cdots, q \end{cases}$$

4. ARMA 模型应用实例

本节以香港经济子系统有序度为例，介绍如何使用 ARMA 模型进行预测。

我们运用 matlab 软件建立 ARMA 模型，通过画图发现原始序列非平稳，所以先进行差分处理，转化成平稳序列。

接着，我们使用 AIC 准则来判断模型的类型和阶次，发现序列符合 ARMA（2，2）模型，因此利用 ARMAX 命令来拟合模型参数。

最后，我们利用该模型进行预测，得到的预测序列如表 8—4 所示。

表 8—4　　　　　　　香港 2016—2020 年经济子系统有序度预测值

年份	2016	2017	2018	2019	2020
有序度	0.5468	0.5546	0.5413	0.5455	0.5522

（四）Elman 神经网络

1. 神经网络模型

神经网络是一种模仿动物神经网络行为特征，进行分布式并行信息处理的算法数学模型。这种网络依靠系统的复杂程度，通过调整内部大量节点之间相互连接的关系，达到处理信息的目的。神经网络的特点和优越性主要在于其具有自学习和自适应的能力。

根据神经网络运行过程中的信息流向，神经网络可以分为前馈式和反馈式两种基本类型。前馈式网络通过引入隐藏层以及非线性转移函数，具有复杂的非线性映射能力。但是前馈式网络的输出仅由当前输入数据和权矩阵决定，而与网路的输出结果无关，容易陷入局部最优值。反馈式神经网络的输入包括延迟的输入或者输出数据的反馈，是一种反馈动力学系统。这种系统的学习过程就是它的神经元状态的变化过程，这个过程最终会达到一个神经元状态不变的稳定态。

2. Elman 神经网络

Elman 神经网络是一种典型的反馈式动态神经网络，与传统静态前馈神经网络相比，增加了一个特殊的关联层。关联层的作用在于记忆隐含层单元前一时刻的输出值并返回给网络的输入，使网络具有比静态前馈神经网络更强的动态记忆性，因此更适合用来建立时间序列的预测模型。

Elman 神经网络的结构如图 8—1 所示。

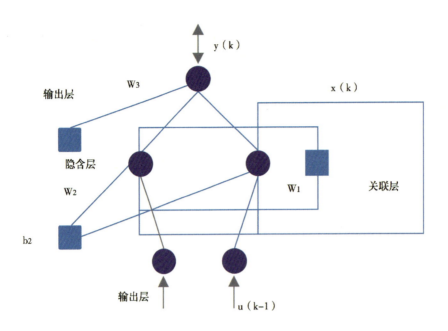

图 8—1　Elman 网络结构

Elman 网络的非线性状态空间表达式为：

$$y(k) = g(w^3 x(k) + b_2)$$

$$x(k) = f(w^1 x_c(k) + w^2 (u(k-1)) + b_1)$$

$$x_c(k) = x(k-1)$$

其中，y 为 m 维输出节点向量；x 为 n 维中间层节点单元向量；u 为 r 维输入向量；x_c 为 n 维反馈状态向量。w^3 为中间层到输出层连接权值；w^2 为输入层到中间层连接权值；w^1 为关联层到中间层的连接权值。$g(*)$ 为输出神经元的传递函数。$f(*)$ 为中间层神经元的传递函数（张靠社，2012）。

3. Elman 神经网络应用实例

本节以香港地区经济子系统有序度为例，介绍如何使用 Elman 神经网络进行预测。

第七章已经得到了香港地区 2006—2015 年的经济子系统有序度，如表 8—5 所示。

表 8—5　　　　　　　　香港 2005—2015 年经济子系统有序度

k	2006	2007	2008	2009	2010	2011	2012	2013	2014	2015
q（k）	0.3964	0.4475	0.4284	0.2903	0.5755	0.5948	0.5663	0.5831	0.5916	0.5395

我们将每 3 年的有序度作为输入向量，第四年的有序度作为目标向量，以此类推，可以得到 7 组训练样本。接着，我们利用这些样本对网络进行训练，并使用训练好的网络对香港地区经济子系统 2016—2020 年的有序度进行预测。

我们先构造训练样本（见表 8—6）。

表 8—6　　　　　　　　　　Elman 神经网络训练样本

训练样本	输入向量			目标向量
第一组	0.3964	0.4475	0.4284	0.2903
第二组	0.4475	0.4284	0.2903	0.5755
第三组	0.4284	0.2903	0.5755	0.5948
第四组	0.2903	0.5755	0.5948	0.5663
第五组	0.5755	0.5948	0.5663	0.5831
第六组	0.5948	0.5663	0.5831	0.5916
第七组	0.5663	0.5831	0.5916	0.5395

设置隐含层神经元个数和网络训练参数。在本例中，隐含层包含 10 个神经元，迭代次数为 1000 次。

使用训练好的网络对香港地区经济子系统有序度进行预测，得到的预测序列如表 8—7 所示。

表 8—7　　　　香港 2016—2020 年经济子系统有序度预测值

年份	2016	2017	2018	2019	2020
有序度	0.5623	0.5954	0.5764	0.5691	0.5798

二　香港未来 5 年可持续发展预测

（一）香港未来 5 年可持续力预测

本部分运用灰色预测、ARMA 和 Elman 神经网络对香港地区各子系统有序度进行预测，并使用等权组合预测法对三种模型的预测结果进行组合，得到的预测结果如图 8—2 所示。

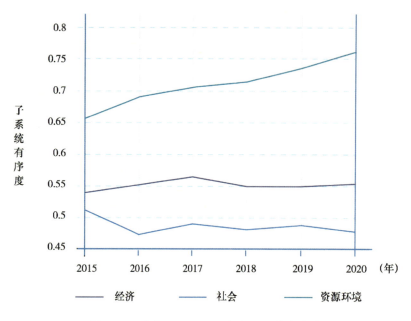

图 8—2　香港 2015—2020 年各子系统有序度

接下来，我们使用复合系统得到香港地区 2015—2020 年的可持续力预测值（见表 8—8）。

表 8—8　　　　　　　　　　香港 2015—2020 年可持续力预测值

年份	2015	2016	2017	2018	2019	2020
可持续力	0.2256	0.2118	0.2289	0.2209	0.2292	0.2280

注：2015 年为实际值，2016—2020 年为预测值。

图 8—3 显示，未来 5 年内香港可持续力波动幅度较大，由 2015 年的 0.2256 上升至 2020 年的 0.2280。而 2016 年、2018 年和 2020 年期间，香港的可持续力将会有所下跌。为分析其下跌原因，本报告结合香港未来 5 年内经济、社会和资源环境三个子系统有序度的图示，根据指标数值的变化，深入分析这三个时间段内香港可持续力负向发展的原因。

由图 8—2 可知，2016 年和 2020 年期间香港经济和资源环境子系统的有序度上升，而社会子系统有序度出现跌幅。因此，香港地区可持续力在这两个时间段下降的主要原因在于社会子系统有序度的减少。2018 年，香港经济子系统有序度继续保持上升态势，而社会和资源环境子系统有序度有所减少，从而导致香港地区可持续力在 2018 年负向发展。

图8—3　香港2015—2020年可持续力

（二）香港可持续发展路径规划及政策建议

尽管近年来全球经济持续疲软，但作为粤港澳大湾区11个城市中经济总量最大的地区，香港一直保持着温和的经济增长速度。由图8—2可知，未来5年内，香港经济有序度波动较小，总体趋势保持平稳。然而，未来全球经济仍充斥着各种不明朗因素，特朗普的成功当选以及美国进入加息周期使得全球贸易变得愈加不稳定，欧洲的结构性问题和英国"脱欧"等政治风险继续阻碍全球的经济发展，再加上贸易保护主义有抬头之势、地缘政治局势日益紧张等因素，均有可能对香港这一高度外向的小型经济体造成严重冲击。

香港的社会问题存在已久。老龄化率持续高企、贫困问题依然严峻、收入差距逐渐扩大、社会阶层固化等问题，已成为威胁其社会稳定的潜在因素。由图8—2可知，未来5年内，社会有序度起伏不定，这也成为香港可持续力不断波动的最主要原因。

从总体来看，香港对资源环境的保护情况较为良好，环境质量、环保支出等方面均在粤港澳大湾区11个城市中名列前茅。由图8—2可知，未来5年内，资源环境有序度持续增加，表明香港地区在资源环境保护方面的优势得以继续保持。然而，在对水、电力、森林等资源的保护上，香港地区依旧存在着较大问题。

为避免香港在未来几年内出现如图8—3所显示的可持续力负向发展的情况，本报告根据香港地区现实情况，确定香港未来发展目标的优先层次为社会—经济—资源环境，并给出该地区未来5年的可持续发展路径规划（见图8—4）。

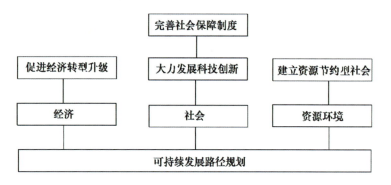

图8—4　香港2015—2020年可持续力

根据香港未来5年的可持续发展路径规划，本报告给出以下几点政策建议。

1. 促进经济转型升级

在过去的经济发展中，香港对金融与房地产形成了严重的路径依赖。由于缺乏新技术和新市场，香港难以打破原有的产业结构，实现向高技术、高增值服务业的转型升级。对于金融和房地产的高度依赖，使得香港对外部市场的冲击极为敏感。在当前全球经济下行压力加大的情况下，外部经济冲击很容易导致香港本地的经济动荡。因此，香港经济转型升级是影响香港未来经济增长的重大问题。香港应该尽快摆脱经济发展过度依赖金融和房地产行业的局面，推动产业结构多元化发展，在发展服务业的同时，建立新的经济增长点，为经济可持续发展注入新活力。

2. 完善社会保障制度

就整体经济发展和人均GDP而言，香港是亚洲最发达的经济体之一。然而，香港的贫困问题却日益严峻。贫困人口规模庞大、老龄化率持续高企、收入差距逐渐扩大等问题，严重制约了香港社会的可持续发展。香港政府应发挥积极作用，完善社会保障制度，积极推动"公屋"建设，改善低收入群体的居住环境，增加低收入者的就业和工资，使社会各界都能分享经济发展的结果。

3. 大力发展科技创新

科技进步是社会可持续增长的动力。作为国际知名的金融与贸易中心，科技创新对于香港保持国际竞争力具有决定性意义。香港创新能力的不足更多体现在科研经费和专利申请数上。2014年，香港研究与试验发展（R&D）经费占比在粤港澳大湾区11个市中排名倒数第二；而香港的专利申请量同样不容乐观，2015年在11个市中排在第七位。与之相反，深圳市凭借积极的科技政策和人才引进政策，大力发展科技创新，连续两年在这两项指标上领先粤港澳大湾区其他城市。因此，香港政府必须要在教育和研究开发等领域加大投资，大力发展科技创新产业，在知识经济时代培育新的增长点，以保持竞争力优势。

4. 建设资源节约型社会

建设资源节约型社会，是指在经济和社会发展的各个方面，保护和合理利用各种资源，提高资源利用效率，以尽可能少的资源消耗获得最大的经济效益和社会效益。2015 年，香港的人均用水量和人均耗电量分别排在粤港澳大湾区 11 个市的第一位和第八位，尚有很大的提升空间。香港政府应该增强资源节约意识，调整产业结构，积极发展高效率低能耗产业，在生产过程中尽可能地降低单位产出的资源投入，保障经济与社会的协调与可持续发展。

三 澳门未来 5 年可持续发展预测

(一) 澳门未来 5 年可持续力预测

与上节类似，本节对澳门地区各子系统有序度进行预测，得到的预测结果如图 8—5 所示。

图 8—5 澳门 2015—2020 年各子系统有序度

接下来，我们使用复合系统得到澳门地区 2016—2020 年的可持续力预测值（见表 8—9）。

表 8—9　　　　　　　　　　　澳门 2015—2020 年可持续力预测值

年份	2015	2016	2017	2018	2019	2020
可持续力	0.0707	0.0955	0.1057	0.0809	0.0969	0.1149

注：2015 年为实际值，2016—2020 年为预测值。

　　图 8—6 显示，未来 5 年内澳门可持续力总体保持上升趋势，由 2015 年的 0.0707 上升至 2020 年的 0.1149。而在 2018 年期间，澳门可持续力将会有一个大幅的下降，由 0.1057 跌至 0.0809，跌幅达 23.46%。为分析其下跌原因，本报告结合澳门经济、社会和资源环境三个子系统有序度的图示，根据指标数值的变化，深入分析该时间段内澳门可持续力大幅下跌的原因。

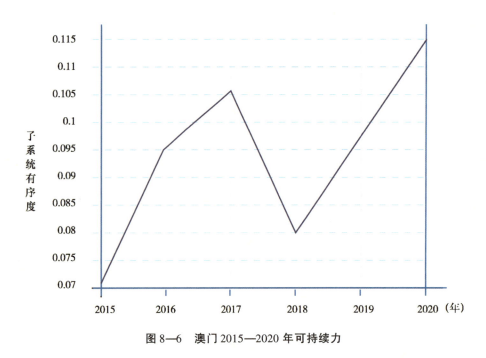

图 8—6　澳门 2015—2020 年可持续力

　　由图 8—5 可知，2018 年期间澳门社会子系统有序度增大，而经济和资源环境子系统有序度均有不同程度的下跌，其中资源环境子系统的跌幅最大。因此，澳门地区可持续力在该时间段内下降的主要原因在于经济和资源环境子系统有序度的减少。

（二）澳门可持续发展路径规划及政策建议

　　自回归以来，澳门的经济一直保持高速增长，GDP 年均增速约为 15%。2015 年，澳门人均 GDP 达 48 万元人民币，在粤港澳大湾区 11 个市中排名首位。由图

8—5 可知，未来 5 年内，澳门经济有序度波动较大。博彩业是澳门经济发展的重要支柱，为澳门财政带来了巨额的收入，同时也是澳门经济社会发展的动力。然而，博彩业的一家独大，也暗含着一系列经济风险，对澳门经济的可持续增长形成了挑战。

澳门同样存在着严重的社会问题。尽管在社会保障支出占比、失业率、每千人口医生数等指标方面，澳门均有不俗的表现，但澳门的教育支出比重、科研经费和专利申请数在粤港澳大湾区 11 个市中却长期排名靠后。由图 8—5 可知，未来 5 年内，社会有序度总体保持上升趋势，表明澳门地区未来的社会发展总体表现良好。

2015 年，澳门一些资源环境指标有所好转，如空气污染物中的可吸入颗粒物浓度值有一定改善，但亦有部分资源环境指标呈恶化趋势，如人均耗电量和人均用水量等继续上升。由图 8—5 可知，未来 5 年内，资源环境有序度波动幅度较大，显示出澳门资源环境所承受的压力在未来几年并没有得到有效缓解。

为避免澳门在未来几年内出现如图 8—6 显示的可持续力负向发展的情况，本报告根据澳门地区现实情况，确定澳门未来发展目标的优先层次为社会—资源环境—经济，并给出该地区未来 5 年的可持续发展路径规划（见图 8—7）。

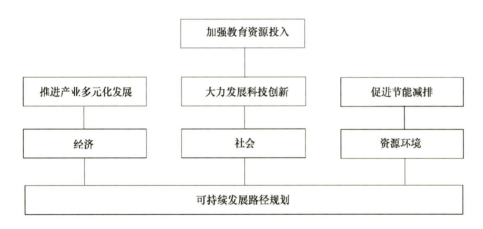

图 8—7 澳门未来 5 年可持续发展路径规划

根据澳门未来 5 年的可持续发展路径规划，本报告给出以下几点政策建议。

1. 推进产业多元化发展

澳门特区与中央政府一直明确"促进澳门经济适度多元发展，打造世界旅游休闲中心，加快经济适度多元发展"的发展基调。澳门经济应努力告别博彩业"一家独大"的局面，走新兴产业多元化道路。长期以来，澳门与欧洲国家和葡语国家都有着紧密的商贸和文化的联系，澳门特区应以此为切入点，全力搭建中国与欧洲、葡语国家企业之间的投资贸易和经济文化交流的平台，大力发展会议展览业、离岸服务业以及休闲旅游业等新兴产业。

2. 加强教育资源投入

近年来，高素质人才储备不足，成为澳门社会发展所面临的一大阻碍。究其原因，主要在于澳门教育资源不足。澳门特区应加大教育资源投入，提升高等教育和职业教育的质量与规模，根据产业多元化的长远规划，科学调整专业结构与课程设置，为澳门培养更高层次的人才。澳门高校可加强与海外、香港、内地知名高校的联合办学和人才交流，加大高等教育和职业教育的投入与宣传力度，培养各类管理、技术型的高素质人才，以适应澳门产业多元化转型的需要。

3. 大力发展科技创新

科技创新对一个城市价值收益有决定性作用。研究与发展（R&D）经费与专利申请数作为科技活动中极具代表性的指标，直接影响着城市创新能力的高低。2014 年，澳门的这两项指标均在粤港澳大湾区 11 个城市中排名垫底。澳门政府应审时度势，清楚认识到科技对城市发展的重要作用，积极制定科技创新政策和人才引进政策，系统谋划创新驱动总体布局和路线图，推动澳门科技创新发展。

4. 强力推进节能减排

澳门境内没有河流，且土地资源有限，无法兴建大型水库，因此，澳门的淡水资源一直比较缺乏，绝大部分要靠毗邻的珠海市供应；而电、天然气、石油气等能源完全依靠进口，对外依赖严重。近年来，澳门的人均用水量和人均耗电量呈不断上升趋势，并未随着经济的下滑而减少。澳门政府应该增强居民的资源节约意识，提高资源和能源的利用效率，推进资源综合利用，对高耗能企业采取节能减排措施，对节能减排目标未完成的企业，限期实施生产改造方案。

四 珠三角地区未来 5 年可持续发展预测

（一）珠三角地区未来 5 年可持续力预测

1. 广州市未来 5 年可持续力预测

本节对广州市各子系统有序度进行预测，得到的预测结果如图 8—8 所示。

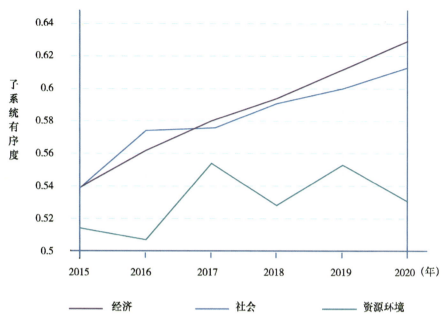

图8—8　广州2015—2020年各子系统有序度

接下来，我们使用复合系统得到广州地区2015—2020年的可持续力预测值（见表8—10）。

表8—10　　　　　　　　　　　广州2015—2020年可持续力预测值

年份	2015	2016	2017	2018	2019	2020
可持续力	0.3076	0.3218	0.3485	0.3451	0.3642	0.3627

注：2015年为实际值，2016—2020年为预测值。

图8—9显示，未来5年内广州市可持续力总体保持上升趋势，由2015年的0.3076上升至2020年的0.3627。而在2018年及2020年，广州市可持续力将会小幅下降。为分析其下跌原因，本报告结合广州市经济、社会和资源环境三个子系统有序度的图示，根据指标数值的变化，深入分析该时间段内广州市可持续力下跌的原因。

145

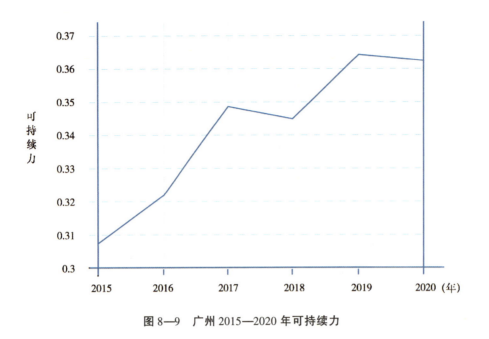

图8—9　广州 2015—2020 年可持续力

由图 8—8 可知，未来 5 年内广州市经济和社会子系统有序度保持平稳上升趋势，而资源环境子系统起伏不定。因此，广州市可持续力在 2018 年及 2020 年下降的主要原因在于资源环境子系统有序度的减少。

2. 深圳市未来 5 年可持续力预测

本节对深圳市各子系统有序度进行预测，得到的预测结果如图 8—10 所示。

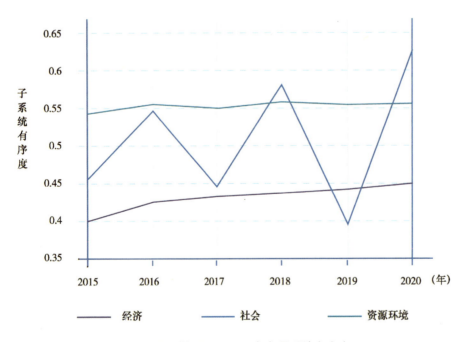

图8—10　深圳 2015—2020 年各子系统有序度

接下来，我们使用复合系统得到深圳地区 2015—2020 年的可持续力预测值（见表8—11）。

表8—11　　　　　　　　　　深圳 2015—2020 年可持续力预测值

年份	2015	2016	2017	2018	2019	2020
可持续力	0.2423	0.2789	0.2547	0.2938	0.2448	0.3089

注：2015 年为实际值，2016—2020 年为预测值。

图8—11 显示，未来 5 年内深圳市可持续力波动幅度较大，其中，2017 年和 2019 年将会大幅下降。为分析其下跌原因，本报告结合深圳市经济、社会和资源环境三个子系统有序度的图示，根据指标数值的变化，深入分析该时间段内可持续力大幅下跌的原因。

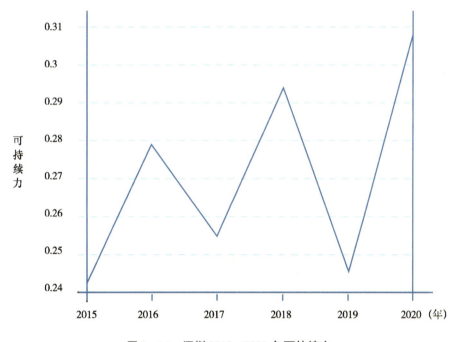

图8—11　深圳 2015—2020 年可持续力

由图8—10 可知，未来 5 年内深圳市经济和资源环境子系统有序度保持平稳上升趋势，而社会子系统起伏不定。因此，社会子系统有序度在 2017 年及 2019 年减少是深圳市可持续力负向发展的主要原因。

3. 珠海市未来 5 年可持续力预测

本节对珠海市各子系统有序度进行预测，得到的预测结果如图8—12 所示。

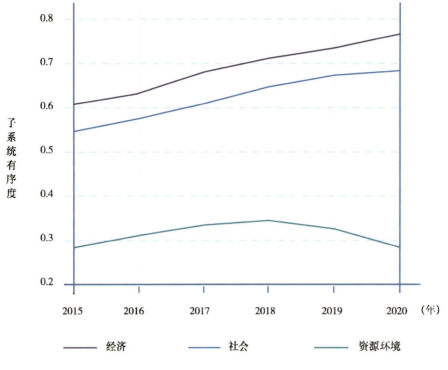

图 8—12　珠海 2015—2020 年各子系统有序度

接下来，我们使用复合系统得到珠海市 2015—2020 年的可持续力预测值（见表 8—12）。

表 8—12　　　　　　　　　珠海 2015—2020 年可持续力预测值

年份	2015	2016	2017	2018	2019	2020
可持续力	− 0. 2307	− 0. 2015	− 0. 1465	− 0. 1007	− 0. 1887	− 0. 2741

注：2015 年为实际值，2016—2020 年为预测值。

图 8—13 显示，未来 5 年内珠海市可持续力先扬后抑，于 2018 年达到峰值，随后持续下跌。为分析其下跌原因，本报告结合珠海市经济、社会和资源环境三个子系统有序度的图示，根据指标数值的变化，深入分析该时间段内可持续力大幅下跌的原因。

由图 8—12 可知，未来 5 年珠海市经济和社会子系统有序度保持平稳上升趋势，而资源环境子系统先升后降，与珠海可持续力变化趋势基本吻合。因此，资源环境子系统有序度的波动是珠海市可持续力变化的主要原因。

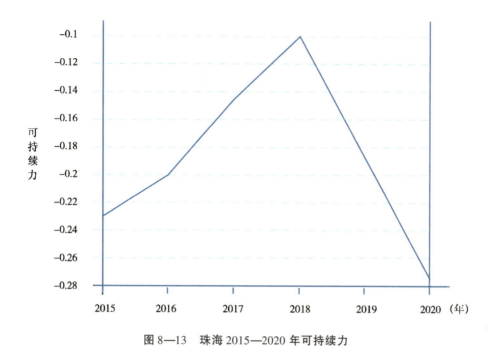

图 8—13　珠海 2015—2020 年可持续力

4. 佛山市未来 5 年可持续力预测

本节对佛山市各子系统有序度进行预测，得到的预测结果如图 8—14 所示。

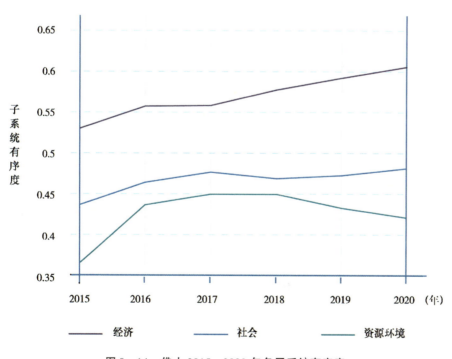

　　　　 —— 经济　　　　　　—— 社会　　　　　—— 资源环境

图 8—14　佛山 2015—2020 年各子系统有序度

接下来，我们使用复合系统得到佛山市 2015—2020 年的可持续力预测值（见表 8—13）。

表 8—13　　　　　　　　　佛山 2015—2020 **年可持续力预测值**

年份	2015	2016	2017	2018	2019	2020
可持续力	0.1154	0.2022	0.2138	0.2182	0.2074	0.2006

注：2015 年为实际值，2016—2020 年为预测值。

图 8—15 显示，2016 年佛山市可持续力将会大幅上涨，由 0.1154 上升至 0.2022，涨幅高达 75.22%，随后缓慢增加至 2018 年的 0.2182。而 2019 年及 2020 年，佛山市可持续力将会小幅下跌。为分析其下跌原因，本报告结合佛山市经济、社会和资源环境三个子系统有序度的图示，根据指标数值的变化，深入分析该时间段内可持续力下跌的原因。

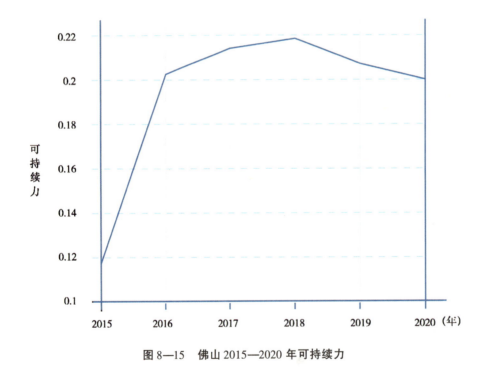

图 8—15　佛山 2015—2020 年可持续力

由图 8—14 可知，2019 年及 2020 年，佛山市经济和社会子系统有序度处于上升趋势，而资源环境子系统有序度小幅下降。因此，资源环境子系统有序度的减少是佛山市可持续力在这两个时间段负向发展的主要原因。

5. 江门市未来 5 年可持续力预测

本节对江门市各子系统有序度进行预测，得到的预测结果如图 8—16 所示。

图 8—16 江门 2015—2020 年各子系统有序度

接下来，我们使用复合系统得到江门市 2015—2020 年的可持续力预测值（见表 8—14）。

表 8—14   江门 2015—2020 年可持续力预测值

年份	2015	2016	2017	2018	2019	2020
可持续力	0.3264	0.3468	0.3499	0.3594	0.3718	0.3684

注：2015 年为实际值，2016—2020 年为预测值。

图 8—17 显示，2016—2019 年江门市可持续力总体保持上升趋势，由 0.3264 上升至 0.3718，涨幅为 13.85%。而 2020 年期间，江门市可持续力将会小幅下跌。为分析其下跌原因，本报告结合江门市经济、社会和资源环境三个子系统有序度的图示，根据指标数值的变化，深入分析该时间段内可持续力下跌的原因。

由图 8—16 可知，2020 年，江门市经济和资源环境子系统有序度有所增加，而社会子系统有序度小幅下降。因此，江门市可持续力在该时间段减少的主要原

图 8—17　江门 2015—2020 年可持续力

因是受到了社会子系统发展的制约。

6. 肇庆市未来 5 年可持续力预测

本节对肇庆市各子系统有序度进行预测，得到的预测结果如图 8—18 所示。

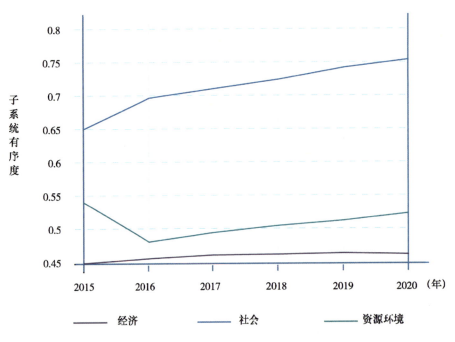

———— 经济　　　———— 社会　　　———— 资源环境

图 8—18　肇庆 2015—2020 年各子系统有序度

接下来，我们使用复合系统得到肇庆市 2015—2020 年的可持续力预测值（见表 8—15）。

表 8—15 肇庆 2015—2020 年可持续力预测值

年份	2015	2016	2017	2018	2019	2020
可持续力	0.3169	0.2899	0.3030	0.3132	0.3210	0.3293

注：2015 年为实际值，2016—2020 年为预测值。

图 8—19 显示，2016 年，肇庆市可持续力大幅减少，随后触底反弹，2017—2020 年保持平稳上升趋势。为分析肇庆市可持续力在 2016 年期间减少的原因，本报告结合肇庆市经济、社会和资源环境三个子系统有序度的图示，根据指标数值的变化，深入分析该时间段内可持续力下跌的原因。

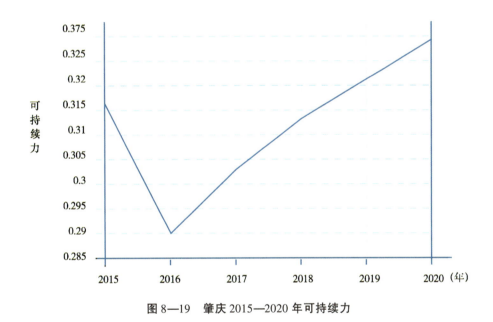

图 8—19 肇庆 2015—2020 年可持续力

由图 8—18 可知，2016 年，肇庆市经济和社会子系统有序度有所增加，而资源环境子系统有序度大幅减少。因此，肇庆市可持续力在该时间段大幅下跌的主要原因是受到了资源环境子系统发展的制约。

7. 惠州市未来 5 年可持续力预测

本节对惠州市各子系统有序度进行预测，得到的预测结果如图 8—20 所示。

接下来，我们使用复合系统得到惠州市 2015—2020 年的可持续力预测值（见表 8—16）。

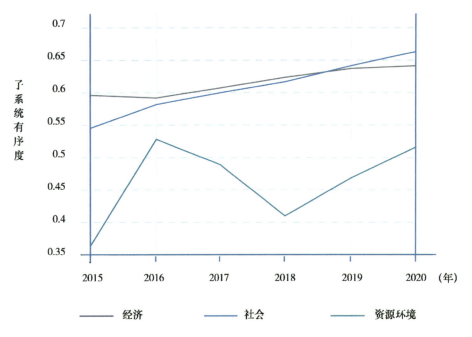

<table>
<tr><td>经济</td><td>社会</td><td>资源环境</td></tr>
</table>

图 8—20　惠州 2015—2020 年各子系统有序度

表 8—16　　　　　　　　惠州 2015—2020 年可持续力预测值

年份	2015	2016	2017	2018	2019	2020
可持续力	− 0. 2014	0. 2675	0. 2344	− 0. 1288	0. 2198	0. 2817

注：2015 年为实际值，2016—2020 年为预测值。

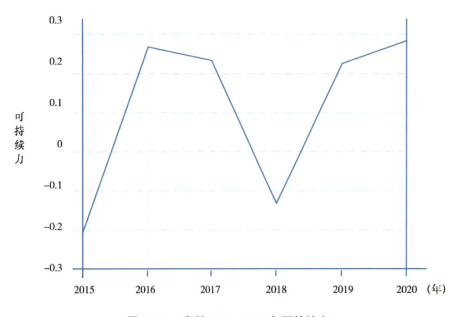

图 8—21　惠州 2015—2020 年可持续力

图8—21 显示，2015—2020 年，惠州市可持续力波动较大，其中，2017—2018 年跌幅较大。为分析其下跌原因，本报告结合惠州市经济、社会和资源环境三个子系统有序度的图示，根据指标数值的变化，深入分析该时间段内可持续力下跌的原因。

由图8—20 可知，2017—2018 年，惠州市经济和社会子系统有序度有所增加，而资源环境子系统有序度大幅减少。因此，资源环境子系统的不平衡发展是该时间段内惠州市可持续发展不协调的主要原因。

8. 东莞市未来 5 年可持续力预测

本节对东莞市各子系统有序度进行预测，得到的预测结果如图8—22 所示。

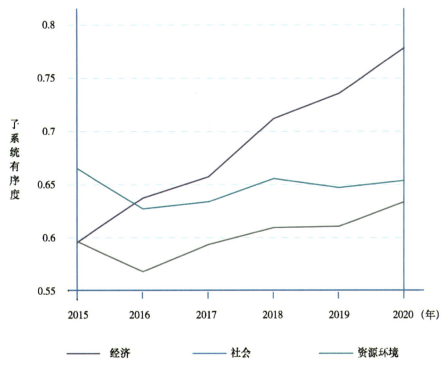

图8—22　东莞 2015—2020 年各子系统有序度

接下来，我们使用复合系统得到东莞市 2015—2020 年的可持续力预测值（见表8—17）。

155

表 8—17　　　　　　　　　　东莞 2015—2020 年可持续力预测值

年份	2015	2016	2017	2018	2019	2020
可持续力	0.3824	0.3721	0.3876	0.4175	0.4212	0.4418

注：2015 年为实际值，2016—2020 年为预测值。

图 8—23 显示，2016—2020 年，东莞市可持续力总体处于上升趋势。其中，2016 年东莞市可持续力小幅减少至 0.3721，随后触底反弹，2020 年增加至 0.4418，增幅达 18.73%。为分析 2016 年可持续力减少的原因，本报告结合东莞市经济、社会和资源环境三个子系统有序度的图示，根据指标数值的变化，深入分析该时间段内可持续力下跌的原因。

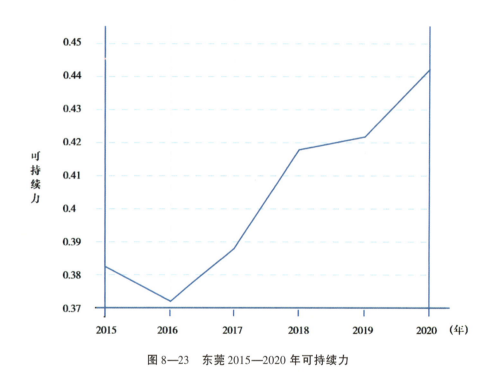

图 8—23　东莞 2015—2020 年可持续力

由图 8—22 可知，未来 5 年内，东莞市经济子系统有序度保持平稳上升趋势，而社会和资源环境子系统有序度起伏不定。其中，2016 年东莞市社会和资源环境子系统有序度均有所减少。因此，社会和资源环境子系统的不平衡发展是该时间段内东莞市可持续发展不协调的主要原因。

9. 中山市未来 5 年可持续力预测

本节对中山市各子系统有序度进行预测，得到的预测结果如图 8—24 所示。

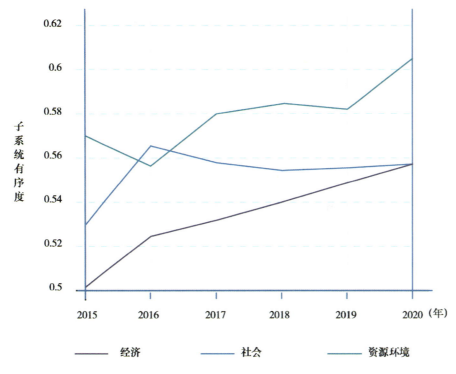

图 8—24 中山 2015—2020 年各子系统有序度

接下来，我们使用复合系统得到中山市 2015—2020 年的可持续力预测值（见表 8—18）。

表 8—18　　　　　　　　中山 2015—2020 年可持续力预测值

年份	2015	2016	2017	2018	2019	2020
可持续力	0.3272	0.3401	0.3498	0.3531	0.3558	0.3677

注：2015 年为实际值，2016—2020 年为预测值。

图 8—25 显示，2016—2020 年中山市可持续力不断增加，说明未来 5 年内中山市可持续发展状况良好。然而，2017—2019 年中山市可持续力的增长幅度有所放缓。本报告结合中山市经济、社会和资源环境三个子系统有序度的图示，根据指标数值的变化，深入分析该时间段内可持续力增速减缓的原因。

由图 8—24 可知，未来 5 年内，中山市经济子系统有序度保持平稳上升趋势，而社会和资源环境子系统有序度起伏不定。其中，2017—2018 年中山市社会子系统有序度有所减少；2019 年资源环境子系统有序度小幅降低，从而导致了2017—2019 年中山市可持续力增速的放缓。

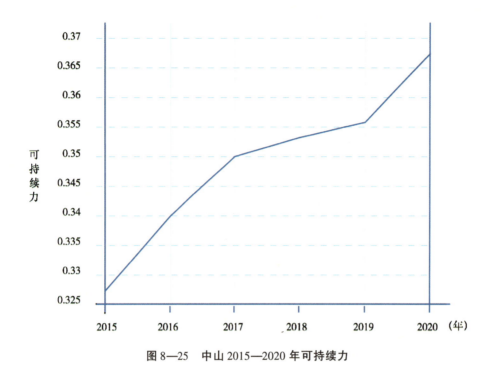

图 8—25　中山 2015—2020 年可持续力

（二）珠三角可持续发展路径规划及政策建议

改革开放 30 年来，珠江三角洲地区充分发挥改革"试验田"的作用，成为全国市场化程度最高、市场体系最完备的地区，经济总量保持高速增长，先后超过亚洲"四小龙"的新加坡、香港和台湾。由珠三角 9 个市经济子系统有序度预测图示可知，未来 5 年内，珠三角地区绝大部分城市的经济有序度保持平稳上升趋势。2017 年 3 月 5 日，国务院总理李克强在政府工作报告指出，研究制定粤港澳大湾区城市群发展规划。随着粤港澳大湾区建设的逐渐展开，珠三角地区与港澳地区进一步融合，有望成为未来带动全中国经济发展的重要增长极和引领技术变革的领头羊。

广东省统计局发布的《"十二五"时期广东人口发展状况分析》显示，珠三角地区人口密度为每平方米 1073 人，相当于全国人口密度的 7 倍。人口密度不断增加，带来的是繁重的社会管理任务和持续扩大的社会矛盾。由珠三角 9 个市社会子系统有序度预测图示可知，未来 5 年内，珠三角地区绝大部分城市的社会有序度起伏不定，其中，深圳和江门市的社会有序度波动最大，表明珠三角地区未来的社会发展依然面临着较大问题。

珠三角工业化和城市化高速发展，城市不断扩展，人口日增，人均资源减少，工业污染日趋严重，资源环境状况的恶化趋势很可能成为制约珠三角地区社会经济发展的"瓶颈"，是珠三角实现可持续发展的难点所在。由珠三角 9 个市资源环境子系统有序度预测图示可知，未来 5 年内，珠三角地区绝大部分城市的资源环境有序度波动起伏较大，显示出珠三角地区资源环境所承载的压力在未来几年内并不会得到有效缓解。

为避免珠三角地区在未来几年内出现可持续力负向发展的情况，本报告根据珠三角地区现实情况，确定珠三角地区未来发展目标的优先层次为资源环境—社会—经济，并给出该地区未来 5 年的可持续发展路径规划（见图 8—26）。

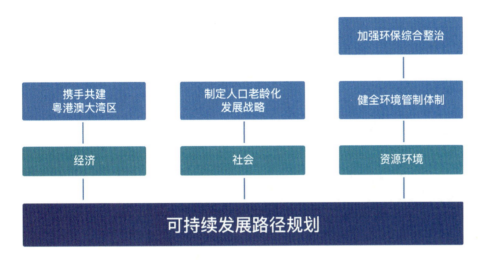

图 8—26　珠三角未来 5 年可持续发展路径规划

根据珠三角未来 5 年的可持续发展路径规划，本报告给出以下几点政策建议。

1. 携手共建粤港澳大湾区

2017 年政府工作报告提出研究制定粤港澳大湾区城市群发展规划。珠三角地区在制造业、现代服务业、科技创新、技术研发等方面较为发达，港澳地区的优势则在于高度成熟的金融、服务体系，以及经济要素流动的高度自由性和与国际接轨的法律体系。珠三角地区携手港澳，将会成为中国经济发展的重要支撑。然而，各地政府在具体政策、法规、标准上存在不小的差异，使得粤港澳大湾区城市群建设比该地区以往合作更加复杂。因此，中央政府需设立统筹协调机制，通过全局谋划该地区长远发展，建立有效的区域发展协调机构和监督机制。

2. 制定人口老龄化发展战略

近年来，珠三角各市常住人口增长明显放缓，人口老龄化却呈加速态势。国际通常认为，当一个国家或地区 60 岁以上老年人口达到人口总数的 10% 时，即意味着这个国家或地区已处于老龄化社会。按此标准，广州、佛山、江门、肇庆、惠州及东莞均是老龄化社会。老龄化率的大小不仅反映老年人口的比重，也反映地区劳动年龄人口比重以及政府、社会的财政负担压力。面对快速的人口老龄化，政府应重视人口老龄化发展战略的研究，引导社会力量积极参与和兴办老龄事业，切实加大财政投入，使用财政杠杆有效整合好全社会养老资源，推进养老服务体系的建立和完善。

3. 加强环境综合整治

随着经济快速增长，珠三角地区的污染负荷与排放强度也呈上升态势。为缓解珠三角地区资源环境所承载的压力，政府应首先加强环境综合整治，一方面，深化大气污染防治，全面落实国家"大气十条"和省行动方案；另一方面，强力推进水环境综合整治，认真贯彻落实国家"水十条"和《南粤水更清行动计划》，继续对重点流域和城市河涌开展综合整治。同时，政府还应严格环保监管执法，大力推行环境监管网格化管理，对重点环境问题进行挂牌督办，检查排污企业，对不符合环保标准的企业实行限期整改和强制关停。

4. 健全环境管理体制

珠三角地区的环境管理体制机制还存在不小的问题。行政区域壁垒难以打破、环境管理职能过于分散、部门职责不清、权利与责任不对等，是制约珠三角地区污染治理的重要因素。一方面，各地政府应遵循整体协调、区域协作、循序推进的原则，推进跨界环境治理、区域生态系统建设与环境保护，创新区域协同机制，搭建环境监管一体化平台，营造区域共建共享、优质宜居的生态环境；另一方面，各地区政府应大力推进环保地方立法，明确环境管理部门职责，设立专门环境监察执法机构，分片区行使环境监察执法职能，从而进一步提升环境管理能力。

五 小结

本部分运用灰色预测、ARMA、Elman 神经网络三种预测方法，建立粤港澳可持续发展预测体系，对粤港澳大湾区各子系统发展波动进行预测，并根据指标预测数值的变化，预报区域各子系统发展即将出现的不可持续发展等问题。

预测结果显示，未来 5 年内香港地区的社会子系统有序度起伏不定，澳门地区有序度波动较大的子系统分别为社会和资源环境，珠三角地区则为资源环境子系统。根据各区域子系统有序度的预测波动，本章确定了各区域未来发展目标的优先层次，具体结果如图 8—27 所示。

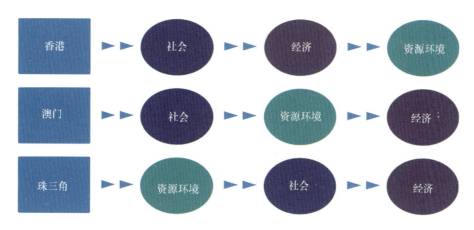

图 8—27　粤港澳大湾区未来 5 年发展目标优先层次

根据粤港澳大湾区未来 5 年发展目标的优先层次，本章对三个地区分别进行了路径规划，并给出政策建议，逻辑思路如图 8—28 所示。

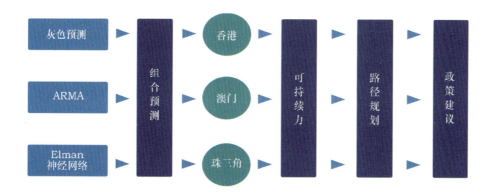

图 8—28　第八章逻辑思路

01 粤港澳大湾区可持续发展指数简介

可持续发展是人类面临的涉及人口、资源、经济、社会、环境等方面的重大考验。可持续发展指标体系是可持续发展评价系统的重要组成部分。建立一套评估区域可持续发展的指标体系，能帮助我们了解城市发展与可持续发展目标之间的差距，并校正发展方向。该报告是将可持续发展从概念和理论推向实践过程的有效手段，也是决策者的政策性工具和公众的信息工具。

粤港澳大湾区是我国经济发展最快的地区之一，也是一个内部差异较大，各个城市之间发展不平衡的区域。正确评价整个地区和各个城市的可持续发展状况和变化，对于制定和实施可持续发展战略以及提升城市未来竞争力和人民生活水平具有十分重要的意义。因此，建立一套科学合理的可持续发展指标体系是粤港澳大湾区可持续发展的重要一步。

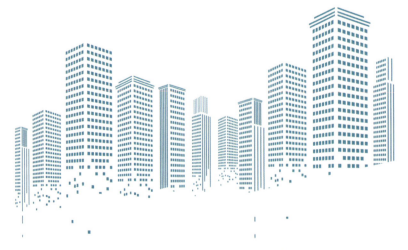

1.1 3个地区、3个方面、3类数值

3个地区

报告的研究对象是**广东省珠三角地区**、**香港**、**澳门**

3个方面

考察可持续发展力中最为核心的
社会、**经济**、**资源环境**三大方面

3类数据

指标涵盖绝对数值、
比例/增长率、相对数值三种数值，
以期更为全面地还原各地区的实际情况及相互关系

1.2 3级指标系统，3个一级指标，13个二级指标，26个三级指标

粤港澳大湾区可持续发展力

一级指标
- 经济
- 社会
- 资源环境

二级指标
- 经济发展水平
- 经济结构
- 经济效益水平
- 基础设施水平
- 人口发展
- 卫生服务
- 教育水平
- 社会安全与保障
- 创新能力
- 自然资源
- 能源
- 污染
- 环保支出

三级指标
- GDP总量
- 人均GDP
- GDP增速
- 第三产业增加值占比
- 投资占GDP比重
- 出口占GDO比重
- 劳动生产率
- 道路长度
- 人均道路长度
- 每100名居民互联网宽带用户数
- 人口自然增长率
- 老龄化率
- 每千人口的医生数
- 新生儿死亡率
- 教育开支占政府总开支比重
- 高校生占总人口比例
- 社会保障开支占政府总开支比重
- 失业率
- 科研经费占比
- 专利申请数/获得数
- 人均用水量
- 绿地面积占总面积的比总
- 人均耗电量
- 可吸入颗粒物浓度
- 节能环保占政府支出比例
- 单位GDP能耗

1.3 解决4个问题

1.大湾区内各地区可持续发展现状是怎样的；各地区在可持续发展领域存在哪些比较优势和比较劣势？

(!) **现状评估**

2.2016-2020年内大湾区各地区的发展将呈现怎样的趋势；将有可能出现哪些不可持续发展的问题？

(!) **可持续力预测**

3.为避免这些问题，各地区的发展优先级应该是怎样的？

(!) **发展路径规划**

4.应制定哪些配套政策？

(!) **政策建议**

02 粤港澳大湾区可持续发展现状：
2014、2015年可持续发展细化指标排名

对粤港澳大湾区11个城市2014年以及2015年经济、社会和资源环境3个子系统总共26个指标作排名分析：与2014年相比，2015年粤港澳大湾区11个城市26个要素普遍得到了改善，可持续发展能力呈现不断提高趋势。从经济、社会和资源环境3个子系统的排名可以看出，11个城市在某些具体要素指标上的差距较大，表明粤港澳大湾区内部城市间发展不均衡。同时，从每个城市26个要素指标排名可以看出，城市内部也存在发展不协调等问题。

2.1 经济指标排名：2014–2015

经济发展水平（二级指标）	三级指标	2014年排名	2015年排名
	GDP总量 （单位：十亿元）	香港 1581 广州 1311 深圳 1256 佛山 584 东莞 462 澳门 253 惠州 235 中山 222 江门 163 珠海 147 肇庆 145	香港 1620 广州 1399 深圳 1353 佛山 619 东莞 485 惠州 243 中山 233 澳门 201 江门 173 珠海 156 肇庆 152
	人均GDP （单位：元）	澳门 588939 香港 218381 深圳 116497 广州 100229 珠海 90772 佛山 79444 中山 69386 东莞 55318 惠州 49814 江门 36229 肇庆 35877	澳门 48173 香港 221742 深圳 118865 广州 103600 珠海 95761 佛山 83237 中山 72470 东莞 58748 惠州 51024 江门 38300 肇庆 37499
	GDP增速 （单位：%）	珠海 10.4 惠州 10.0 肇庆 10.0 深圳 8.8 佛山 8.3 中山 8.0 江门 7.8 东莞 7.8 广州 7.6 香港 2.7 澳门 −0.9	珠海 10.0 深圳 9.0 惠州 9.0 佛山 8.5 中山 8.4 江门 8.4 广州 8.4 肇庆 8.2 东莞 8.0 香港 2.4 澳门 −20.4

2.1 经济指标排名：2014-2015

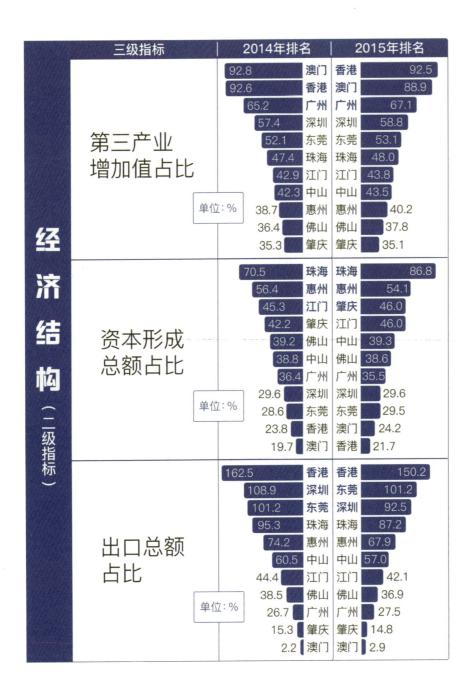

三级指标	2014年排名		2015年排名	
第三产业增加值占比 单位：%	92.8	澳门	香港	92.5
	92.6	香港	澳门	88.9
	65.2	广州	广州	67.1
	57.4	深圳	深圳	58.8
	52.1	东莞	东莞	53.1
	47.4	珠海	珠海	48.0
	42.9	江门	江门	43.8
	42.3	中山	中山	43.5
	38.7	惠州	惠州	40.2
	36.4	佛山	佛山	37.8
	35.3	肇庆	肇庆	35.1
资本形成总额占比 单位：%	70.5	珠海	珠海	86.8
	56.4	惠州	惠州	54.1
	45.3	江门	肇庆	46.0
	42.2	肇庆	江门	46.0
	39.2	佛山	中山	39.3
	38.8	中山	佛山	38.6
	36.4	广州	广州	35.5
	29.6	深圳	深圳	29.6
	28.6	东莞	东莞	29.5
	23.8	香港	澳门	24.2
	19.7	澳门	香港	21.7
出口总额占比 单位：%	162.5	香港	香港	150.2
	108.9	深圳	东莞	101.2
	101.2	东莞	深圳	92.5
	95.3	珠海	珠海	87.2
	74.2	惠州	惠州	67.9
	60.5	中山	中山	57.0
	44.4	江门	江门	42.1
	38.5	佛山	佛山	36.9
	26.7	广州	广州	27.5
	15.3	肇庆	肇庆	14.8
	2.2	澳门	澳门	2.9

经济结构（二级指标）

2.1 经济指标排名：2014-2015

经济效益水平（二级指标）	三级指标	2014年排名	2015年排名
	劳动生产率 单位:元	650898 澳门	澳门 507453
		421809 香港	香港 428465
		167046 广州	广州 172470
		139576 深圳	深圳 149265
		134686 珠海	珠海 143667
		133298 佛山	佛山 141079
		104613 中山	中山 110493
		83904 惠州	惠州 86194
		69879 东莞	东莞 74212
		67194 江门	江门 71257
		66482 肇庆	肇庆 69691

2.1 经济指标排名：2014-2015

三级指标		2014年排名	2015年排名
基础设施水平构（二级指标）	道路长度 单位：公里	13634 肇庆 12594 惠州 10012 江门 9219 广州 5959 香港 5240 佛山 5145 东莞 2610 中山 1647 深圳 1447 珠海 424 澳门	肇庆 14129 惠州 13476 江门 10017 广州 9317 香港 5963 佛山 5249 东莞 5165 中山 2610 深圳 1644 珠海 1447 澳门 427
	人均道路长度 单位：米	3.38 肇庆 2.66 惠州 2.22 江门 0.90 珠海 0.82 香港 0.82 中山 0.71 佛山 0.70 广州 0.67 澳门 0.62 东莞 0.15 深圳	肇庆 3.48 惠州 2.83 江门 2.22 珠海 0.89 香港 0.82 中山 0.81 佛山 0.71 广州 0.69 澳门 0.66 东莞 0.63 深圳 0.14
	每百名居民互联网宽带用户数 单位：人数 *2014年排名	80 香港 70 澳门 66 肇庆 49 广州 45 珠海 41 深圳 34 中山 34 佛山 27 江门 26 惠州 25 东莞	

170

2.2 社会指标排名：2014-2015

三级指标		2014年排名	2015年排名	
人口自然增长率 单位：%		17.5 珠海	珠海 18.4	
		17.5 深圳	深圳 18.4	
		8.7 澳门	广州 11.9	
		8.0 广州	澳门 7.9	
		6.7 肇庆	中山 7.1	
		6.7 惠州	佛山 6.7	
		6.6 佛山	肇庆 6.5	
		5.9 中山	东莞 6.4	
		5.8 东莞	惠州 6.1	
		2.4 香港	江门 5.7	
		2.3 江门	香港 1.9	

一级指标：社会
二级指标：人口发展

老龄化率 单位：%

*2015年排名

中山	5.5
深圳	6.5
珠海	10.0
肇庆	14.6
澳门	14.6
东莞	15.0
广州	17.2
佛山	17.5
江门	21.6
香港	21.8
惠州	25.4

2.2 社会指标排名：2014-2015

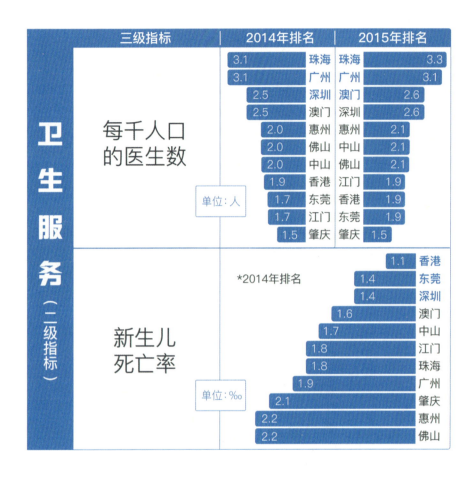

三级指标	2014年排名		2015年排名	
每千人口的医生数 单位：人	3.1	珠海	珠海	3.3
	3.1	广州	广州	3.1
	2.5	深圳	澳门	2.6
	2.5	澳门	深圳	2.6
	2.0	惠州	惠州	2.1
	2.0	佛山	中山	2.1
	2.0	中山	佛山	2.1
	1.9	香港	江门	1.9
	1.7	东莞	香港	1.9
	1.7	江门	东莞	1.9
	1.5	肇庆	肇庆	1.5

卫生服务（二级指标）

新生儿死亡率　单位：‰

*2014年排名

1.1	香港
1.4	东莞
1.4	深圳
1.6	澳门
1.7	中山
1.8	江门
1.8	珠海
1.9	广州
2.1	肇庆
2.2	惠州
2.2	佛山

2.2 社会指标排名：2014-2015

三级指标	2014年排名		2015年排名	

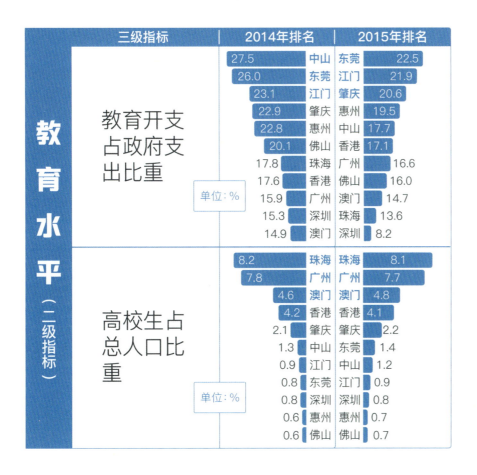

教育水平（二级指标）

教育开支占政府支出比重 单位：%

2014年排名		2015年排名	
27.5	中山	东莞	22.5
26.0	东莞	江门	21.9
23.1	江门	肇庆	20.6
22.9	肇庆	惠州	19.5
22.8	惠州	中山	17.7
20.1	佛山	香港	17.1
17.8	珠海	广州	16.6
17.6	香港	佛山	16.0
15.9	广州	澳门	14.7
15.3	深圳	珠海	13.6
14.9	澳门	深圳	8.2

高校生占总人口比重 单位：%

2014年排名		2015年排名	
8.2	珠海	珠海	8.1
7.8	广州	广州	7.7
4.6	澳门	澳门	4.8
4.2	香港	香港	4.1
2.1	肇庆	肇庆	2.2
1.3	中山	东莞	1.4
0.9	江门	中山	1.2
0.8	东莞	江门	0.9
0.8	深圳	深圳	0.8
0.6	惠州	惠州	0.7
0.6	佛山	佛山	0.7

2.2 社会指标排名：2014-2015

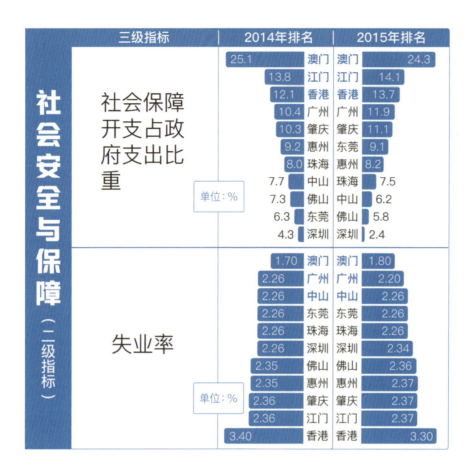

三级指标		2014年排名	2015年排名
社会安全与保障（二级指标）	**社会保障开支占政府支出比重** 单位:%	25.1 澳门 / 13.8 江门 / 12.1 香港 / 10.4 广州 / 10.3 肇庆 / 9.2 惠州 / 8.0 珠海 / 7.7 中山 / 7.3 佛山 / 6.3 东莞 / 4.3 深圳	澳门 24.3 / 江门 14.1 / 香港 13.7 / 广州 11.9 / 肇庆 11.1 / 东莞 9.1 / 惠州 8.2 / 珠海 7.5 / 中山 6.2 / 佛山 5.8 / 深圳 2.4
	失业率 单位:%	1.70 澳门 / 2.26 广州 / 2.26 中山 / 2.26 东莞 / 2.26 珠海 / 2.26 深圳 / 2.35 佛山 / 2.35 惠州 / 2.36 肇庆 / 2.36 江门 / 3.40 香港	澳门 1.80 / 广州 2.20 / 中山 2.26 / 东莞 2.26 / 珠海 2.26 / 深圳 2.34 / 佛山 2.36 / 惠州 2.37 / 肇庆 2.37 / 江门 2.37 / 香港 3.30

2.2 社会指标排名：2014-2015

二级指标	三级指标	2014年排名		2015年排名	
创新能力（二级指标）	科研经费占GDP比重（单位：%）	4.0	深圳	深圳	4.2
		2.5	珠海	珠海	2.6
		2.5	佛山	佛山	2.5
		2.4	中山	中山	2.4
		2.1	东莞	东莞	2.3
		2.0	广州	广州	2.1
		2.0	惠州	惠州	2.0
		1.7	江门	江门	1.8
		0.9	肇庆	肇庆	1.0
		0.7	香港	澳门	0.0
		0.1	澳门	香港	0.0
	专利申请数（单位：件）	82254	深圳	深圳	105481
		46330	广州	广州	63296
		29707	佛山	佛山	39796
		28431	东莞	东莞	38094
		24618	中山	中山	27863
		18359	惠州	惠州	21408
		12542	香港	香港	12914
		8998	珠海	珠海	11334
		8348	江门	江门	9524
		1781	肇庆	肇庆	2344
		106	澳门	澳门	0

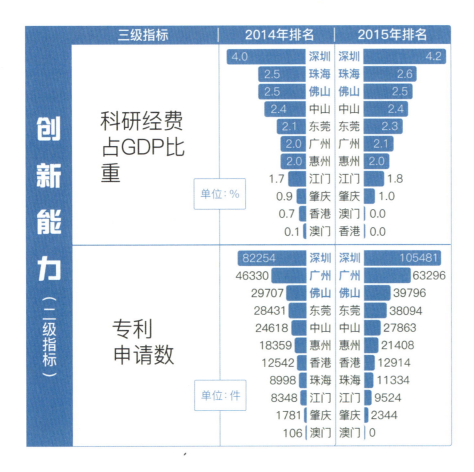

2.3 资源环境指标排名：2014-2015

三级指标	2014年排名	2015年排名
		7.02 中山
		14.10 江门
	*2014年排名	22.83 惠州
人均用水量		51.81 东莞
		52.47 深圳
		55.44 澳门
		56.00 肇庆
	单位：立方米/人	65.20 珠海
		65.21 佛山
		72.30 广州
		132.49 香港
	69.80 肇庆	肇庆 70.30
	61.60 惠州	惠州 62.34
	45.32 江门	江门 46.25
	42.00 广州	广州 42.00
绿地面积占总面积比重	41.50 深圳	深圳 41.50
	37.40 东莞	东莞 37.40
	29.96 珠海	珠海 35.94
	28.68 澳门	澳门 28.50
	24.77 香港	香港 24.77
	单位：% 21.87 佛山	佛山 21.87
	19.46 中山	中山 19.49

一级指标：自然资源（二级指标）

2.3 资源环境指标排名：2014-2015

三级指标		2014年排名	2015年排名
能源（二级指标）	**人均耗电量**（单位：千瓦时/人）	3871 肇庆	肇庆 3752
		5051 江门	江门 5247
		5848 惠州	广州 5772
		5855 广州	香港 6011
		6060 香港	惠州 6111
		7236 深圳	深圳 7089
		7443 中山	中山 7649
		7450 澳门	澳门 7757
		7675 佛山	佛山 7911
		7923 东莞	东莞 8079
		8321 珠海	珠海 8896

2.3 资源环境指标排名：2014-2015

三级指标	2014年排名	2015年排名
污染（二级指标） 可吸入颗粒物浓度 单位：微克/立方米	45 香港	香港 41.5
	53 珠海	中山 49
	53 深圳	深圳 49
	55 惠州	惠州 50
	57 中山	江门 50
	60 东莞	东莞 51
	60 澳门	珠海 51
	64 江门	澳门 53.56
	66 佛山	肇庆 56
	67 广州	佛山 58
	74 肇庆	广州 59

2.3 资源环境指标排名：2014-2015

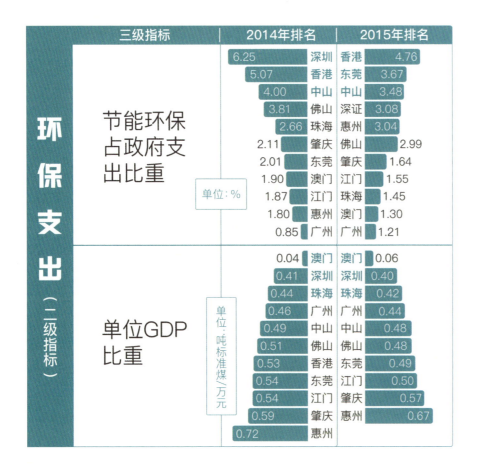

三级指标		2014年排名		2015年排名	
环保支出（二级指标）	**节能环保占政府支出比重** （单位：%）	6.25	深圳	香港	4.76
		5.07	香港	东莞	3.67
		4.00	中山	中山	3.48
		3.81	佛山	深证	3.08
		2.66	珠海	惠州	3.04
		2.11	肇庆	佛山	2.99
		2.01	东莞	肇庆	1.64
		1.90	澳门	江门	1.55
		1.87	江门	珠海	1.45
		1.80	惠州	澳门	1.30
		0.85	广州	广州	1.21
	单位GDP比重 （单位：吨标准煤/万元）	0.04	澳门	澳门	0.06
		0.41	深圳	深圳	0.40
		0.44	珠海	珠海	0.42
		0.46	广州	广州	0.44
		0.49	中山	中山	0.48
		0.51	佛山	佛山	0.48
		0.53	香港	东莞	0.49
		0.54	东莞	江门	0.50
		0.54	江门	肇庆	0.57
		0.59	肇庆	惠州	0.67
		0.72	惠州		

03 粤港澳大湾区可持续力预测、路径规划与政策建议

香港

可持续力发展图示

社会 >>>	经济 >>>	资源环境
▪完善社会保障制度	▪开展大湾区医疗领域合作	▪建立资源节约型社会
▪大力发展科技创新		
▪全方位应对老龄社会		
▪促进经济转型升级		

澳门

可持续力发展图示

社会 >>>	资源环境 >>	经济
▪大力发展科技创新	▪促进节能减排	▪推进产业多元化发展
▪加强教育资源投入		

广东省珠三角地区

可持续力发展图示

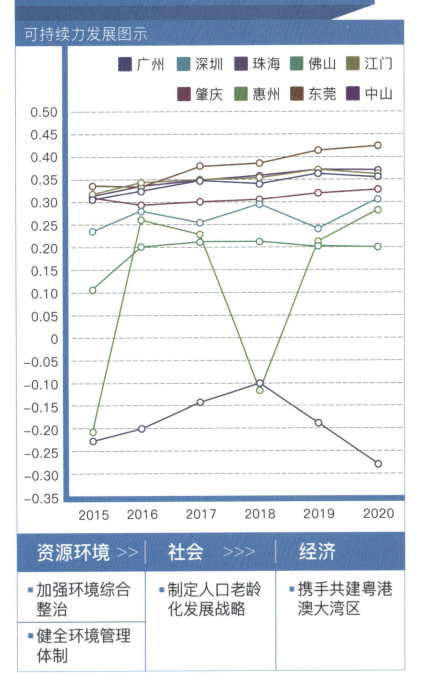

图例：■ 广州　■ 深圳　■ 珠海　■ 佛山　■ 江门　■ 肇庆　■ 惠州　■ 东莞　■ 中山

资源环境 >>	社会 >>>	经济
▪加强环境综合整治 ▪健全环境管理体制	▪制定人口老龄化发展战略	▪携手共建粤港澳大湾区

3.1

2016-2020年 香港 可持续力波动幅度较大，由2015年的0.2256上升至2020年的0.2280，而2016年、2018年和2020年期间，香港的可持续力将会有所下跌。其中，香港经济有序度波动较小，总体趋势保持平稳，社会有序度起伏不稳定，资源环境有序度持续增加。

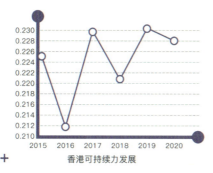

香港可持续力发展

年份	2015	2016	2017	2018	2019	2020
可持续力	0.2256	0.2118	0.2289	0.2209	0.2292	0.2280

由香港经济子系统有序度预测图可知，2016-2020年，香港经济有序度波动较小，总体趋势保持平稳。然而，未来全球经济仍充斥着各种不明朗因素，特朗普的成功当选以及美国进入加息周期使得全球贸易变得愈加不稳定，欧洲的结构性问题和英国"脱欧"等政治风险继续阻碍全球的经济发展，再加上贸易保护主义有抬头之势、地缘政治局势日益紧张等因素，均有可能对香港这一高度外向的小型经济体造成严重冲击。

■经济 ■社会 ■资源环境

子系统有序度

香港的社会问题存在已久。老龄化率持续高企，贫困问题依然严峻，收入差距逐渐扩大，社会阶层固化等问题，已成为威胁其社会稳定的潜在因素。由香港社会子系统有序度预测图示可知，未来五年内，社会有序度起伏不定，这也成为了香港可持续力不断波动的最主要原因。

从总体来看，香港对资源环境的保护情况较为良好，环境质量、环保支出等方面均在粤港澳大湾区11个城市中名列前茅。由香港资源环境子系统有序度图示可知，未来五年内，资源环境有序度持续增加，表明香港地区在资源环境保护方面的优势得以继续保持。然而，在对水、电力、森林等资源的保护上，香港地区依旧存在着较大问题。

香港未来发展目标的优先层次为：社会——经济——资源环境；香港未来五年应着力于：完善社会保障制度、大力发展科技创新、促进经济转型升级、建立资源节约型社会等四个方面。

 完善社会保障制度：

贫困人口规模庞大、老龄化率持续高企、收入差距逐渐扩大等问题，严重制约了香港社会的可持续发展。香港政府应发挥积极作用，完善社会保障制度，积极推动"公屋"建设，改善低收入群体的居住环境，增加低收入者的就业和工资，使社会各界都能分享经济发展的结果。

大力发展科技创新：

香港政府必须要在教育和研究开发等领域加大投资，大力发展科技创新产业，在知识经济时代培育新的增长点，以保持竞争力优势。

全方位应对老龄社会：

香港政府应一方面加大在社会福利政策、基础设施方面对老龄社会的应对举措；同时，通过重新厘定退休年龄、鼓励跨代共融的文化、应用创新科技等方式方法，建设可持续的老龄社会环境，激发老龄人口社会价值，将人口老化的挑战化为社会受益的机遇。

开展粤港澳大湾区医疗领域合作：

香港在粤港澳大湾区建设中应进一步发挥其在医疗卫生方面的比较优势，与珠三角合作联动，提升大湾区整体医疗卫生水平，从整体上拉动粤港澳大湾区对于高级人才的吸引能力，从而助力实现区域经济的创新驱动发展。

 促进经济转型升级：

香港应该尽快摆脱经济发展过度依赖金融和房地产行业的局面，推动产业结构多元化发展，在发展服务业的同时，建立新的经济增长点，为经济可持续发展注入新活力。在粤港澳大湾区建设的背景下，香港应与珠三角地区寻求科技创新驱动发展方面主动寻求强强联合，打造新一轮技术革命下的世界经济增长新引擎。

 建立资源节约型社会：

香港政府应该增强资源节约意识，调整产业结构，积极发展高效率低能耗产业，在生产过程中尽可能地降低单位产出的资源投入，保障经济与社会的协调与可持续发展。

3.2 2016-2020年**澳门**可持续力总体保持上升趋势，而在2018年期间，澳门可持续力将会有一个大幅的下降，澳门地区可持续力在这该时间段内下降的主要原因在于经济和资源环境子系统有序度的减少。

澳门可持续力发展

年份	2015	2016	2017	2018	2019	2020
可持续力	0.0707	0.0955	0.1057	0.8090	0.0969	0.1149

2016-2020年，澳门经济有序度波动较大。博彩业是澳门经济发展的重要支柱，为澳门财政带来了巨额的收入，同时也是澳门经济社会发展的动力。然而，澳门这种博彩业的一家独大，也暗含着一系列经济风险，对澳门经济的可持续增长形成了挑战。

子系统有序度

与香港一样，澳门同样存在着严重的社会问题。尽管在社会保障支出占比、失业率、每千人口医生数等指标方面，澳门均有不俗的表现，但澳门的教育支出比重、科研经费和专利申请数在粤港澳大湾区11个市中却长期排名靠后。由澳门社会子系统有序度预测图示可知，未来五年内，社会有序度总体保持上升趋势，表明澳门地区未来的社会发展总体表现良好。

2015年，澳门一些资源环境指标有所好转，如空气污染物中的可吸入颗粒物浓度值有一定改善，但亦有部分资源环境指标呈恶化趋势，如人均耗电量和人均用水量等继续上升。由澳门资源环境子系统有序度图示可知，未来五年内，资源环境有序度波动幅度较大，显示出澳门资源环境所承受的压力在未来几年并没有得到有效缓解。

澳门未来发展目标的优先层次为：
社会——资源环境——经济；澳门未来应着力于：
大力发展科技创新、加强教育资源投入、推进产业多元化发展、促进节能减排等四个方面。

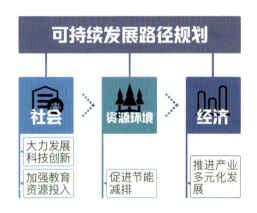

 社会 首先：

澳门特区应加大教育资源投入，提升高等教育和职业教育的质量与规模，根据产业多元化的长远规划，科学调整专业结构与课程设置，为澳门培养更高层次的人才。澳门高校可加强与海外、香港、内地知名高校的联合办学和人才交流，加大高等教育和职业教育的投入与宣传力度，培养各类管理、技术型的高素质人才，以适应澳门产业多元化转型的需要。

其次：

澳门政府应审时度势，清楚认识到科技对城市发展的重要作用，积极制定科技创新政策和人才引进政策，系统谋划创新驱动总体布局和路线图，推动澳门科技创新发展。

 资源环境 加强推进节能减排：

澳门政府应该增强居民的资源节约意识，提高资源和能源的利用效率，推进资源综合利用，对高耗能企业采取节能减排措施，对节能减排目标未完成的企业，限期实施生产改造方案。

经济 推进产业多元化发展：

澳门经济应努力告别博彩业"一家独大"的局面，走新兴产业多元化道路。长期以来，澳门与欧洲国家和葡语国家都有着紧密的商贸和文化的联系。澳门特区应以此为切入点，全力搭建中国与欧洲、葡语国家企业之间的投资贸易和经济文化交流的平台，大力发展会议展览业、离岸服务业以及休闲旅游业等新兴产业。

3.3

2016-2020年广东省珠三角地区可持续力总体保持上升趋势，但深圳、惠州、肇庆波动较大，珠海则呈现先扬后抑的态势。

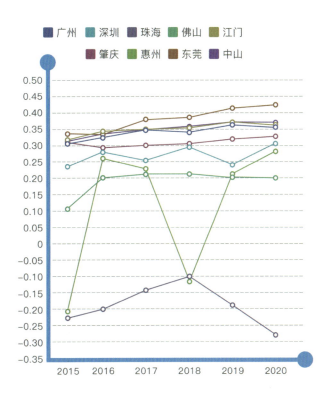

■ 广州　■ 深圳　■ 珠海　■ 佛山　■ 江门
■ 肇庆　■ 惠州　■ 东莞　■ 中山

年份 可持续力	2015	2016	2017	2018	2019	2020
广州	0.3076	0.3218	0.3485	0.3451	0.3642	0.3627
深圳	0.2423	0.2789	0.2547	0.2938	0.2448	0.3089
珠海	−0.2307	−0.2015	−0.1465	−0.1007	−0.1887	−0.2741
佛山	0.1154	0.2022	0.2138	0.2182	0.2074	0.2006
江门	0.3264	0.3468	0.3499	0.3594	0.3718	0.3684
肇庆	0.3169	0.2899	0.3030	0.3132	0.3210	0.3293
惠州	−0.2104	0.2675	0.2344	−0.1288	0.2198	0.2817
东莞	0.3824	0.3721	0.3876	0.4175	0.4212	0.4418
中山	0.3272	0.3401	0.3498	0.3531	0.3558	0.3477

2016-2020年，**广东省珠三角地区**绝大部分城市的经济有序度保持平稳上升，社会有序度起伏不定，表明广东省珠三角地区未来的社会发展依然面临着较大问题。2016-2020年，该地区绝大部分城市的资源环境有序度波动起伏较大，显示广东省珠三角地区资源环境所承载的压力在未来几年内并不会得到有效缓解。

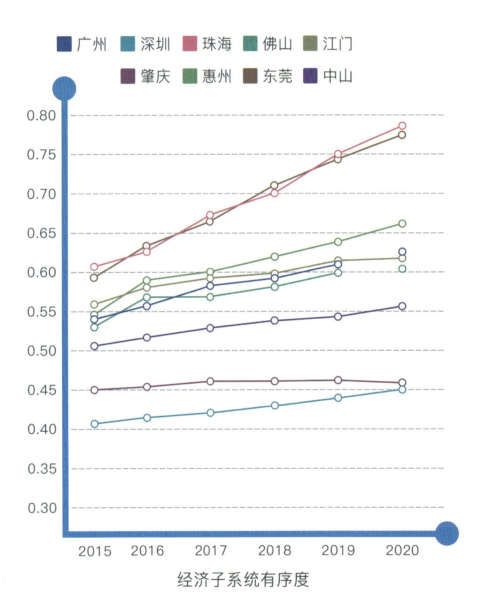

经济子系统有序度

2016-2020年，**广东省珠三角地区**绝大部分城市的经济有序度保持平稳上升，社会有序度起伏不定，表明广东省珠三角地区未来的社会发展依然面临着较大问题。2016-2020年，该地区绝大部分城市的资源环境有序度波动起伏较大，显示广东省珠三角地区资源环境所承载的压力在未来几年内并不会得到有效缓解。

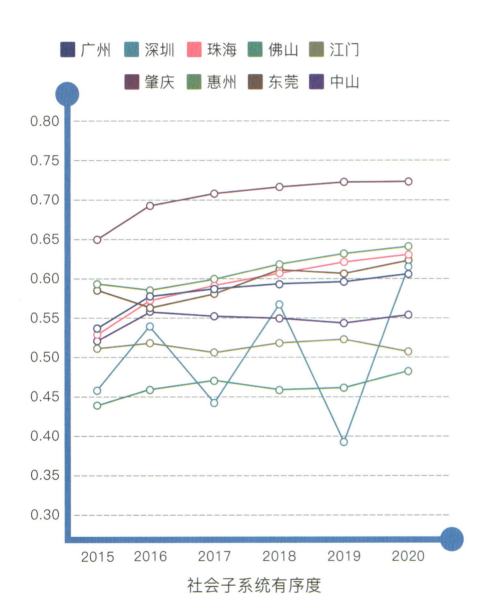

社会子系统有序度

2016-2020年，**广东省珠三角地区**绝大部分城市的经济有序度保持平稳上升，社会有序度起伏不定，表明广东省珠三角地区未来的社会发展依然面临着较大问题。2016-2020年，该地区绝大部分城市的资源环境有序度波动起伏较大，显示广东省珠三角地区资源环境所承载的压力在未来几年内并不会得到有效缓解。

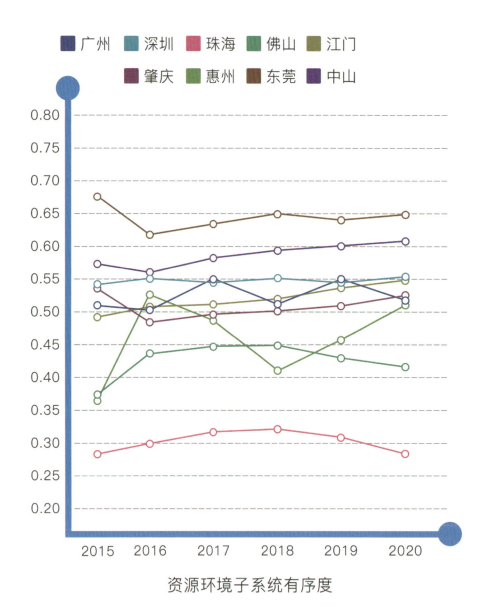

资源环境子系统有序度

广东省珠三角地区未来发展目标的优先层次为：
资源环境——社会——经济；
未来广东省珠江三角地区应重点着力：加强环
境综合整治、健全环境管理体制、制定人口老龄化
发展战略、携手共建粤港澳大湾区等四个方面。

可持续发展路径规划

资源环境 > 社会 > 经济

加强环境综合整治

健全环境管理体制

制定人口老龄化发展战略

携手共建粤港澳大湾区

资源环境 **加强环境综合整治：**

为缓解广东省珠三角地区资源环境所承载的压力，政府应首先加强环境综合整治，其次，严格环保监管执法，大力推行环境监管网格化管理，对重点环境问题进行挂牌督办，检查排污企业，对不符合环保标准的企业实行限期整改和强制关停。

健全环境管理体制：

一方面，各地政府应遵循整体协调、区域协作、循序推进的原则，推进跨界环境治理、区域生态系统建设与环境保护，创新区域协同机制，搭建环境监管一体化平台，营造区域共建共享、优质宜居的生态环境。另一方，各地区政府应大力推进环保地方立法，明确环境管理部门职责，设立专门环境监察执法机构，分片区行使环境监察执法职能，从而进一步提升环境管理能力。

社会 **制定人口老龄化发展战略：**

面对快速的人口老龄化，政府应重视人口老龄化发展战略的研究，引导社会力量积极参与和兴办老龄事业，切实加大财政投入，使用财政杠杆有效整合好全社会养老资源，推进养老服务体系的建立和完善。

经济 **携手共建粤港澳大湾区：**

广东省珠三角地区携手港澳，将会成为中国经济发展的重要支撑。然而，各地政府的具体政策、法规、标准上存在不小的差异，使得粤港澳大湾区城市群建设比该地区以往合作更加复杂。因此，中央政府需设立统筹协调机制，通过全局谋划该地区长远发展，建立有效的区域发展协调机构和监督机制。

04 指数报告尚待进一步的完善

1 指标要素有待进一步完善:

本报告的指标设计中,"支出"是26个要素中的重要一类,包括教育支出、社保支出、环保支出、科研经费支出等四项。但这些支出都是指政府在相关领域支出,没有涉及来自社会的投入。衡量一个城市／地区的可持续发展,政府的投入最为核心,但来自社会的助力也愈发重要;私立教育、企业研发预算、企业节能环保支出等,都是政府在相关领域投入的关键补充。又如在衡量社会"创新能力"的时候,本报告设定的要素指标为"科研经费占GDP比重"及"专利申请数",即主要指向创新的"科技"维度。然而创新能力还包括管理创新、制度创新等方面,对这两方面的考量并未在指标设计中体现。

2 指标间的关系有待记述、量化:

本报告对可持续发展中的经济、社会、资源环境三个主要方面的评估是相对孤立的,对未来可持续发展力、发展趋势的预测也是基于对这三方面相对孤立的分析。然而在实际的社会运转过程中,经济、社会、资源环境三方面相互影响,共同组成了一个可持续发展的生态体系,尤其当对未来进行可持续发展预测时,三个方面能不能协调发展更显得尤为重要。例如,一个现阶段经济可持续发展指数高而资源环境差的城市,很难在未来持续拥有高的经济可持续发展力;而一个经济可持续发展力相对略低,但社会、资源环境可持续发展力与之相匹配的城市,很可能在未来拥有更高的经济可持续发展力。

3 对比参照系／基准有待补充:

本报告中各指标的绝对值若能有参照系／基准做比较参考(如与全国或世界范围内其他地区的比较、与最优实践的比较),将会有利于对该指标所反映的实际情况有一个更为可观的呈现。例如"高校生占总人口比重"能有一个"中国高校生占总人口比重""发达国家高校生占总人口比重"作为参照则更好;又如"可吸入颗粒物",如能有"对人体安全的可吸入颗粒物浓度"或"优质空气质量所含可吸入颗粒度浓度)作为参照指标则更好。

192

参考文献

1. Cobb G，Halstead C，Rowe T.，"The Genuine Progress Indicator：Summary of Data and Methodology"，San Francisco，CA：Redefining Progress，1995.

2. Dow Jones Corproration，SNOXX，SAM，"The Dow Jones Sustainability Indexes"，1999.

3. Kates R，Clark WC，Corell R."Environment and Development：Sustainability Science"，*Journal of Science*，2001，292（4）：641－642.

4. Liu J."China's Road to Sustainability"，Journal of Science，2010，328（4）：50.

5. Ping W，Wang X."Spatiotemporal Change of Ecological Footprint and Sustainability Analysis for Yangtze Delta region"，*Journal of Geographical Sciences*，2011，21（5）：859－868.

6. Rees W E."Ecological footprints and appropriated carrying capacity：what urban economics leaves out?"，*Environment and Urbanization*，1992，4（2）：121－130.

7. Wackernagel M，Rees W E."Perceptual and Structural Barriers to Inveting in Natural Capital：Economics from an Ecological Footprint Perspective"，*Ecological Economics*，1997，20：3－24.

8. Warhurst."Sustainability Indicators and Sustainability Performance Management"，*Report to the Project：Mining，Minerals and Sustainable Development*，2002.

9. World Business Council for Sustainable Development."Ecoefficiency Indicators and Reporting：Report on the Status of the Project's Work in Progress and Guidelines for Pilot Application"，Geneva，Switzerland，1999.

10. Yale Center for Environmental Law & Policy，Center for International EarthScience Information Network."Environmental Sustainability Index"，2005.

11.《澳门五年发展规划（2016—2020 年）》，2015 年，http：//www. cccmtl. gov. mo/main. aspx? l＝cn。

12.《新加坡可持续发展蓝图 2015》，2015 年，http：//www. mewr. gov. sg/。

13. 《21 世纪经济报道》，2016 年，http：//epaper. 21jingji. com/html/2016 – 09/ 20/content_ 46998. htm。

14. 《澳门政府施政报告》，2016 年，http：//www. policyaddress. gov. mo/policy/ home. php？ lang = cn。

15. 曹斌、林剑艺、崔胜辉：《可持续发展评价指标体系研究综述》，《环境科学 与技术》2010 年第 3 期。

16. 曾涤、王廉：《香港特区可持续发展的现状分析与战略趋势预测》，《广州市 财贸管理干部学院学报》2001 年第 2 期。

17. 陈光庭：《从观念到行动：外国城市可持续发展研究》，世界知识出版社 2002 年版。

18. 陈健、吴楠：《对珠三角可持续发展状况的一个定量评价——运用生态足迹 分析法》，《中国环境科学学会·中国环境科学学会 2009 年学术年会论文 集》，2009 年。

19. 陈迎：《可持续发展指标体系与国际比较研究》，《世界经济》1997 年第 6 期。

20. 陈忠暖、闫小培：《区域·城市·可持续发展测评：港澳珠江三角洲可持续 发展测评》，中山大学出版社 2006 年版。

21. 陈忠暖、阎小培、徐红宇、陈基纯：《港澳珠江三角洲与长江三角洲可持续 发展测评比较》，《经济地理》2007 年第 3 期。

22. 戴志军、陈锦辉、李春初：《主成分分析在城市 PRED 系统可持续发展研究中 的应用——以广东省所辖 21 个城市为例》，《热带地理》2002 年第 3 期。

23. 丁咏梅：《我国股票价格的组合预测》，华中科技大学硕士学位论文，2005 年。

24. 《东莞市 2014 年国民经济与社会发展统计年报》，http：//tjj. dg. gov. cn/web- site/web2/art_ view. jsp？ articleId = 8746。

25. 《东莞市 2015 年国民经济与社会发展统计年报》，http：//www. zhongtang. gov. cn/publicfiles/business/htmlfiles/0101/16. 1/201604/1037084. htm。

26. 《佛山市政府工作报告》，2016 年，http：//www. foshan. gov. cn/zwgk/zfgzbg/。

27. 樊华、陶学禹：《复合系统协调度模型及其应用》，《中国矿业大学学报》 2006 年第 4 期。

28. 高标、房骄、何欢：《吉林省生态足迹动态变化与可持续发展状况评价分 析》，《农业现代化研究》2013 年第 1 期。

29. 《公路养护统计指标及计算方法的规定》，1992 年，http：//wenku. baidu. com/view/c7cb1820482fb4daa58d4b91. html。

30. 顾涧清：《广州中心城市的可持续发展》，《城市发展研究》1996 年第 6 期。

31. http：//www. gmw. cn/01gmrb/2009 – 03/15/content_ 897948. htm.

32. 联合国发布《世界水资源开发报告》，光明网，2009 年，http：//www. gmw. cn/01gmrb/2009 – 03/15/content_ 897948. htm。

33. 《广东省"十三五"发展规划纲要全文》，2016 年，http：//www. cnrencai. com/zhongguomeng/318615. html。

34. 广东省人民政府：《宽带广东发展规划（2014—2020 年)》，2014 年，http：//zwgk. gd. gov. cn/006939748/201407/t20140708_ 536822. html。

35. 郭程轩、甄坚伟：《广州市交通环境可持续发展研究》，《热带地理》2003 年第 1 期。

36. 海热提·涂尔逊、王华东、王立红、彭应登：《城市可持续发展的综合评价》，《中国人口·资源与环境》1997 年第 2 期。

37. 韩静、宋雅晴、杨力：《基于聚类分析的资源型城市可持续发展评价》，《统计与决策》2011 年第 20 期。

38. 环境保护部：环发〔2003〕91 号，http：//www. zhb. gov. cn/gkml/zj/wj/2009 10/t20091022_ 172195. htm。

39. 《惠州市政府工作报告》，2016 年，http：//www. 01hn. com/geleibaogao/315 500. html。

40. 《江门市政府工作报告》，2015 年，http：//www. jiangmen. gov. cn/zwgk/bg-gk/zfgzbg/201502/t20150209_ 475695. html。

41. 《江门市政府工作报告》，2016 年，http：//district. ce. cn/newarea/roll/2016 01/27/t20160127_ 8585778. shtml。

42. 《惠州节水行动纲领出炉节水型社会建设规划征求意见稿邀您提建议》，今日惠州网，2015 年，http：//e. hznews. com/paper/djsb/20151210/A03/1/。

43. 《经济日报》，2012 年，http：//paper. ce. cn/jjrb/html/2012 – 06/24/content_ 21 7633. htm。

44. 荆平、贾海峰、许碧霞：《城市可持续发展的趋势预测及预警方法研究》，《重庆建筑大学学报》2008 年第 2 期。

45. 李健斌、陈鑫：《世界可持续发展指标体系探究与借鉴》，《理论界》2010 年第 1 期。

46. 李仲钦：《坚持可持续发展战略，深化粤港澳跨境合作》，《第四届粤港澳可持续发展研讨会论文集》，2008 年。

47. 联合国第五十五届会议：《联合国千年宣言》，2000 年，http：//www. un. org/ chinese/ga/55/res/a55r2. htm。

48. 联合国新闻部信息技术科：《二十一世纪议程》，2004 年，http：//www. un. org/chinese/events/wssd/agenda21. htm。

49. 联合国：《2013 年千年发展目标报告》，《联合国发展大会报告》，2013 年。

50. 联合国：《2016 年可持续发展目标报告》，2016 年。

51. 联合国：《可持续发展目标各项指标机构间专家组的报告》，2016 年。

52. "人类环境宣言"，中国网，2003 年 4 月 24 日，http：//www. china. com. cn/ chinese/huanjing/320178. htm。

53. 林珍铭、夏斌：《熵视角下的广州城市生态系统可持续发展能力分析》，《地理学报》2013 年第 1 期。

54. 刘晓辉、陈忠暖等、刘妙容、徐红宇：《港澳珠三角可持续发展的综合评价研究》，《热带地理》2008 年第 3 期。

55. 刘耀彬：《武汉市城市可持续发展能力评估》，《城市发展研究》2002 年第 2 期。

56. 陆大道、樊杰：《区域可持续发展研究的兴起与作用》，《中国科学院院刊》2012 年第 3 期。

57. 吕少枫：《从 MDGs 到 SDG：国际发展目标的转变》，厦门大学硕士学位论文，2014 年。

58. 孟璇：《可持续发展战略的国际经验及启示》，中共中央党校硕士学位论文，2015 年。

59. "2016 年中国各省市 GDP 数据排名及增速"，闽南网，2017 年，http：// www. mnw. cn/news/china/1105057. html。

60. 《肇庆、惠州、广州 GDP 增速前三名》，《南方日报》，2014 年，http：// news. 163. com/14/1231/08/AEPG5D8100014AED. html。

61. 《珠三角竞争力 2014 年度报告》，《南方日报》，2014 年，http：//gz. southcn. com/g/node_ 314656. htm。

62. 牛文元：《可持续发展理论的内涵认知——纪念联合国里约环发大会 20 周年》，《中国人口·资源与环境》2012 年第 5 期。

63. 彭程、陈志芬、吴华瑞、孙想、姚娜：《基于 ESDA 的城市可持续发展能力时空分异格局研究》，《中国人口·资源与环境》2016 年第 2 期。

64. 丘史：《美国可持续发展战略的目标和指标》，《全球科技经济瞭望》1996 年第 3 期。

65. 《落实 2030 年可持续发展议程中方立场文件》，人民网，http：//world. people. com. cn/n1/2016/0426/c1002 – 28305502. html。

66. 《联合国宽带委员会发布〈2015 年宽带状况〉报告》，人民网，2015 年，http：// www. cac. gov. cn/2015 – 09/22/c_ 1116642893. htm。

67. 《深圳市政府工作报告》，2016 年，http：//wenku. baidu. com/view/09ffc7d 176c66137ee0619ef. html。

68. 石建平：《关于绿色 GDP 的简化计算与实证研究》，《福建师范大学学报（哲学社会科学版)》2004 年第 6 期。

69. 《世界银行指标说明》，2017 年，http：//data. worldbank. org. cn/indicator/ NE. GDI. TOTL. ZS？ view = chart。

70. 孙代尧：《"一国两制"之"澳门模式"刍议》，《广东社会科学》2009 年第 4 期。

71. 孙亚南：《长江经济带核心城市可持续发展能力评价》，《南京社会科学》2016 年第 8 期。

72. 檀菲菲：《中国三大经济圈可持续发展比较分析》，《软科学》2016 年第 7 期。

73. 王德发、阮大成、王海霞：《工业部门绿色 GDP 核算研究——2000 年上海市能源—环境—经济投入产出分析》，《财经研究》2005 年第 2 期。

74. 王菲：《资源型城市可持续发展指标体系构建及综合评价研究》，大庆石油学院硕士学位论文，2006 年。

75. 王树功、周永章：《大城市群（圈）资源环境一体化与区域可持续发展研究——以珠江三角洲城市群为例》，《中国人口·资源与环境》2002 年第 3 期。

76. 吴振新：《加拿大林业可持续发展研究》，吉林大学硕士学位论文，2004 年。

77. 《香港政府施政报告》，2016 年，http：//www. policyaddress. gov. hk/2016/。

78. 徐红宇、陈忠暖、李志勇、陈基纯、方向阳：《珠港澳可持续发展水平的评估》，《中国人口·资源与环境》2004 年第 3 期。

79. 许学强、张俊俊：《广州城市可持续发展的综合评价》，《地理学报》2001 年第 1 期。

80. 杨建辉、任建兰、程钰、徐成龙：《我国沿海经济区可持续发展能力综合评价》，《经济地理》2013 年第 9 期。

81. 杨昆：《城市森林生态系统服务功能的研究》，《环境科学动态》2005 年第 2 期。

82. 杨伟国：《中国香港社会保障政策的变迁和启示》，《北京航空航天大学学报（社会科学版）》2016 年第 29 卷第 4 期。

83. 杨艳、牛建明、张庆、张艳楠：《基于生态足迹的半干旱草原区生态承载力与可持续发展研究——以内蒙古锡林郭勒盟为例》，《生态学报》2011 年第 17 期。

84. 杨德平：《经济预测方法及 MATLAB 实现》，机械工业出版社 2012 年版。

85. 叶义虎、仝川：《联合国可持续发展指标体系述评》，《中国人口·资源与环境》1997 年第 3 期。

86. 袁易明：《对深圳可持续发展战略的分析》，《广东社会科学》2000 年第 5 期。

87. 《粤港澳大湾区规划呼之欲出谁是"领头羊"?》，粤港澳发展研究院网，2017 年 4 月，http：//ygafz. sysu. edu. cn/Item/10810. aspx。

88. 张卫、郭玉燕：《城市可持续发展指标体系的研究》，《南京社会科学》2006 年第 11 期。

89. 张自然、张平、刘霞辉、王钰、黄志钢：《1990—2011 年中国城市可持续发展评价》，《金融评论》2014 年第 5 期。

90. 张毅、陈圻：《中国区域物流业与经济发展协调度研究——基于复合系统模型与 30 个省区面板数据》，《软科学》2010 年第 12 期。

91. 张靠社：《基于 Elman 神经网络的短期风电功率预测》，《电网与清洁能源》，2012 年。

92. 《肇庆市政府工作报告》，2015 年，http：//zwgk. zhaoqing. gov. cn/zq310/2015 02/t20150210_ 275558. html。

93. 《肇庆市政府工作报告》，2016 年，http：//www. zhaoqing. gov. cn/xxgk/zfg-zbg/xsq_ 14051/201604/t20160428_ 381045. html。

94. 甄坚伟：《澳门环境与可持续发展》，《热带地理》2002 年第 2 期。

95. 郑华峰：《从可持续发展战略看粤港澳合作的区域竞争力》，《社会科学》2010 年第 12 期。

96. http：//www. fmprc. gov. cn/web/ziliao_ 674904/zt_ 674 979/dnzt_ 674981/qtzt/2030kcxfzyc_ 686343/t1331382. shtml.

97. 《中山市政府工作报告》，2016 年，http：//district. ce. cn/newarea/roll/201602/01/t20160201_ 8675770. shtml。

98. 周静、管卫华：《基于生态足迹方法的南京可持续发展研究》，《生态学报》

2012 年第 20 期。

99. 《珠海市政府工作报告》，2015 年，http：//www. 01hn. com/geleibaogao/213

45. html。

100.《珠海市政府工作报告》，2016 年，http：//district. ce. cn/newarea/roll/2016

02/05/t20160205_ 8780080. shtml。